イエスの心で祈る「主の祈り」

豊田信行［著］

いのちのことば社

目次

異邦人の祈り

ことばを繰り返す祈り

「主の祈り」は聖書の中で最もよく知られている祈りです。「主の祈り」はキリスト者自身、人生、生き方を形作っていく大切な役割を担っています。本来、祈りとは願いを神に聞いていただく手段だけでなく、キリスト者を育て、刷新するものなのです。

イエスは弟子たちに、「祈るとき、異邦人のように、同じことばをただ繰り返してはいけません」（マタイ6・7）と教えました。「異邦人の祈り」がことばの繰り返しになるのは、「彼らは、ことば数が多いことで聞かれると思っている」（同）からです。

「祈り」ほど「神観」、神をどのようなお方だと考えているのかを明らかにするものはありません。人の祈りを注意深く観察すると、その人がどのような神を信じているのかが分かります。特に、困難に直面したときの祈りほど、神に対して抱いている本音を引き出すものはありません。「こんな大変な時に祈っている場合ではない」などのように、普段の考えが露呈します。

いています。

「同じことばを繰り返すこと」によって祈りが聞かれると考えるのは、異邦人の神観に基づ

願いを叶《かな》える手段

異邦人の神観の共通点は「願いを叶える手段」です。偶像は、神として崇められていながら、人間が造ったゆえに、人間の支配のもとに置かれています。

子どもが欲しいものをねだるとき、親から「駄目」と言われても、諦めずに懸命にお願いすることがあります。親が根負けして欲しいものを買ってくれるとの思惑があるからです。「お願い、お願い」と執拗に懇願するのは「支配」の手段なのです。子どもが親を支配できると考えるなら、要求はさらにエスカレートしていくことでしょう。

＊

預言者イザヤは、偶像崇拝の本質が支配／逆支配の共依存関係であることを明らかにしました。人は自分が植え、育てた木を切り倒し、薪《たきぎ》にして暖をとり、残りの木で偶像を彫り、ひれ伏して、「私を救ってください。あなたは私の神だから」（イザヤ44・17）と言うのです。この祈りのことばを分かりやすく翻訳すると、「私を救いなさい。私があなたを造ってあげたのだ

から、恩に報いなさい。さもないと、あなたも薪にして、暖炉の火の中にくべることになりますよ」になります。その祈りは「脅し」という支配です。

イエスが「異邦人の祈り」を真似してはならないと教えたのは、天地創造の神を自分の願いを実現してくれる手段、すなわち「偶像」とみなすようになるからです。そして、神が願いを叶えてくださらなければ、あっさりと背を向けます。童謡「てるてる坊主」の三番の歌詞には「あした天気にしておくれ　それでも曇って泣いてたら　そなたの首をチョンと切るぞ」とあります。神は、あくまでも欲しいものを手に入れるための手段であって、人格のある存在――喜び、泣き、笑い、悲しむ人格的存在ではないのです。

無関心な神

「ことば数が多ければ聞いてくれる神」、その裏返しは「無関心な神」です。すなわち、ことば数が少なければ聞いてくれない神です。異邦人が同じことばを繰り返すのは、不安を払拭するためです。「これだけ繰り返しお願いしたのだから、聞いてくださるに違いない」と自分を安心させる自己暗示的な祈りと言えます。どれだけ祈ったかによって心の平安を得ようとしているなら、「異邦人の祈り」に陥っているのです。

イエスが契約の神を信じるユダヤ人たちに「彼らの真似をしてはいけません」と言ったのは、無関心な神という神観によって一抹の不安を抱いていたからです。「無関心な神」という神観ほど、真実な神のイメージを歪め、損ねるものはありません。なぜなら、神は「関心の塊」だからです。

「あなたがたの髪の毛さえも、すべて数えられています。」（マタイ10・30）

ミルクを忘れないで

妻が私にある用事を頼むとき、「同じことば」を繰り返します。ちょっとカチンときて、「同じことを何度も言わなくてもちゃんと聞いている」と言い返します。妻は私が関心のないことには一回言っただけでは聞いていないと確信しています。妻は、「ことば数が多いことで聞かれると思っているのです」。結局、「ごめん、もう一回言ってくれる?」とお願いすることになるからです。「ほら、やっぱり、全然聞いてなかった」と叱られるのです。

妻は、私が関心のあること以外は、「うん、うん、うん」と相槌を入れるだけで話を聞いていないことを経験的に知っているのです。だから、何度も同じことばを繰り返すのです。反省します。

＊

忘れ物防止アプリ（英語版）に、「Remember The Milk」というのがあります。アプリに「ミルクを忘れないで」という名称がついたのは、奥さんがご主人に「ミルク買ってきて」と頼んでも、だいたい忘れるからだそうです。帰宅したご主人に、「ミルク買ってきてくれた？」と聞くと、決まって「あっ、忘れた」となるのです。お国は違っても、大半の男性にとって「ミルク」は関心外なのかもしれません。

多くの人が本当に言いたいことは「Remember The Milk」ではなく、「Remember Me」です。私のことを忘れないでいてほしい。「拒絶」のかたちで最もつらいのが忘れられることです。「関心の外」に置かれることです。兄たちによってエジプトに奴隷として売り飛ばされたヨセフの苦しみは、自分の存在が少しずつ忘れられていくことへの魂の痛みだったのでしょう。自分のいない日常の風景を想像すると心が絞めつけられたのでしょう。異邦人の祈りが「同じことばの繰り返し」になるのは、「私のことを忘れないでください」とのすがるような思いからではないでしょうか。

うめきを聞く神

イエスは人々の心配の根底にあった「無関心な神」という誤った神観に対して、「あなたがたの父は、あなたがたが求める前から、あなたがたに必要なものを知っておられるのです」（マタイ6・8）と歪みを矯正しました。ダビデも神についての同じ真理を告白しています。

ことばが私の舌にのぼる前に　なんと主よ
あなたはそのすべてを知っておられます。（詩篇139・4）

神は、人の心にある「うめき」が祈りのことばになる前から知っていてくださいます。しかし、私たち自身が自分の魂のうめきに耳を閉ざしていることがあります。魂のうめき、それは悔しさだったり、惨めさだったり、割り切れない思い、持っていくところのない怒りかもしれません。うめきをことばにしないのは、つらい思いと向き合いたくないだけかもしれません。しかし、神は私たちの「うめき」と向き合い、聞いてくださるのです。それは、神ご自身に向けられた怒りであってもです。魂のうめきを聞いてくださる神に対して「無関心な神」という恐れ、不安はまったく不要なのです。

同じように御霊も、弱い私たちを助けてくださいます。私たちは、何をどう祈ったらよいか分からないのですが、御霊ご自身が、ことばにならないうめきをもって、とりなしてくださるのです。（ローマ8・26）

それなら、私たちが祈る必要はないのでしょうか。「祈れなくても大丈夫」とは、「祈らなくてもよい」との意味ではありません。聖霊なる神が、失望しないで祈り続けるように励ましてくれます。

キリスト者の祈り

「キリスト者の祈り」が「異邦人の祈り」と決定的に違うのは、祈りが聞かれるかは、キリスト者本人の祈りにはかかっていないという事実にあります。祈りが聞かれるかは、ことばの雄弁さとはまったく関係がありません。祈りが苦手だと思う人は、祈りが下手だと考えているように思います。祈りに上手い下手などありません。

あるいは、信仰の確信が足りないから聞かれないと誤解しているかもしれません。イエスは、「あなたがたは、信じて祈り求めるものは何でも受けることになります」（マタイ21・22）と言いました。「祈りが聞かれるかは信仰の有無にかかっているのではないか」と反論の声が聞こえてきそうです。

キリスト者の祈りとは、願ったものを手に入れるための手段ではなく、神が私たちに願っていてくださるものを受け取ることができるように、私たちの信仰を養い育てるものなのです。

イエスは、「あなたがたが祈り求めるものは何でも、すでに得たと信じなさい。そうすれば、そのとおりになります」（マルコ11・24）と教えました。キリスト者の祈りには「受け取る信仰」が必要になります。「受け取る信仰」とは、神は必ず祈りに応えてくださると信じるだけでなく、祈りの答えを神の最善として受け取ることです。

しかし、祈りの答えが願いと異なった「かたち」で与えられるとき、その祈りの答えを「神の最善」として受け取れず、受け取りを拒否するかもしれません。「神様。私が求めたのはそのようなものではありません」と受け取りを拒まれた「祈りの答え」は、数えきれないほどあるのではないでしょうか。「そのようなものをお願いした覚えはありません」と受け取らないのです。

痛みを知る神

イスラエルの先祖たちは、奴隷の地エジプトの苦役にあえぎ、叫びました。「イスラエルの子らは重い労働にうめき、泣き叫んだ。重い労働による彼らの叫びは神に届いた」(出エジプト2・23)。イスラエル人たちは、先祖アブラハム、イサク、ヤコブの神に向かって叫んだわけではありません。彼らはうめき、わめいただけです。

しかし、神は彼らの叫びを聞いてくださいました。神はモーセを召し、兄のアロンと共にエジプトに遣わしました。神はモーセに、「わたしは、エジプトにいるわたしの民の苦しみを確かに見、追い立てる者たちの前での彼らの叫びを聞いた。わたしは彼らの痛みを確かに知っている」(出エジプト3・7)と語りました。神は無関心の神ではなく、痛みを知る神です。

神はモーセに、民をエジプトのファラオ王の手から救い出し、「乳と蜜の流れる地」を相続させると告げました。「乳と蜜の流れる地」こそ、イスラエル人たちの叫びに対する神の最善の応答でした。モーセに率いられたイスラエルの民は、「乳と蜜の流れる地」を相続するために旅を始めました。旅の目的は約束の地を相続することにありました。約束の地は彼らの到着を待っていたのです。

キリスト者の祈りの営みとは、祈りを聞いていただくためではなく、聞き届けられた祈りの答えを受け取るための営みなのです。それが、「祈り求めるものは何でも、すでに得たと信じなさい。そうすれば、そのとおりになります」とのイエスのことばの真意なのです。

十二名の斥候《せっこう》の報告

モーセとイスラエルの民が「約束の地」、カナンの地の目前に着いたとき、十二部族から一人ずつリーダーが選出され、十二名の偵察隊はカナンの地を四十日間行き巡り、偵察から戻ってきました。斥候たちは、イスラエルの民の前で約束の地について報告しました。

カレブとヨシュア以外の十人は、カナンの地が神の約束のことばどおり、「そこには確かに乳と蜜が流れています」（民数13・27）と証言しました。「ただ、その地に住む民は力が強く、その町々は城壁があって非常に大きく、そのうえ、そこでアナクの子孫を見ました。アマレク人がネゲブの地方に住んでいて、ヒッタイト人、エブス人、アモリ人が山地に、カナン人が海岸とヨルダンの川岸に住んでいます」（13・28～29）と、聞いていた話とは違うと憤ったのです。この「ただ」ということばは、不満、不平、不本意という気持ちの表れです。十人は、「あの民のところには攻め上れない。あの民は私たちより強い」（13・31）と民の心をくじき、「私たちが行き巡って偵察した地は、そこに住む者を食い尽くす地」（13・32）だと、受け取りを拒むべきだと進言したのです。

カレブとヨシュアが、「私たちが巡り歩いて偵察した地は、すばらしく、良い地だった。もし主が私たちを喜んでおられるなら、私たちをあの地に導き入れ、それを私たちに下さる。あの地は乳と蜜が流れる地だ」（14・7〜8）と、約束の地を相続すべきだと強く主張したところ、民は二人を石で打ち殺そうとしました。民は、約束の地に足を踏み入れることを頑《かたく》なに拒んだのです。彼らは約束の地を「神の最善」として受け取ることを拒み、荒野へと戻って行きました。

これは、すべてのキリスト者への教訓です。エジプトを脱出し、約束の地にたどり着くまで、民の心は神の最善に対して広く開かれ、受け取るために整えられることはありませんでした。彼らの願いは非常に限定的なままでした。

どのように祈るか

ヘンリ・ナウエンの名著、『待ち望むということ』から引用したいと思います。

私たちは願いごとでいっぱいです。そして私たちが待つときは、これらの願望にすっかり絡み取られてしまいます。こういうわけで、多くの人々の態度は、開かれた態度ではありません。むしろ、未来を思いどおり操作しようとする生き方になります。私たちは、未来がきわめて限られた方向に進むことを望みますし、もしそれが実現しなければ失望し、ときにやけを起こしてしまうことさえあります。……希望とは、何かが実現することを信頼することですが、それは神の約束に従って実現するのであり、単に私たちの願いにそって実現することを意味しません。ですから、希望をもっている人は、いつも開かれた態度をもっています。(『わが家への道――実を結ぶ歩みのために』九五～九六頁)

祈り待ち望む時間が長引けば、人の心は願いに対して狭くなっていきます。思い入れが強くなると、願いどおりのものが手に入らないと失望してしまうのです。ナウエンが言うように、希望を持つとは、あらゆる可能性に心を開いている状態なのです。希望に溢れて生きる人は、あらゆる可能性に心が大きく開かれている状態が生き方となっています。もし、荒野を旅した民が約束の地に対して、狭い心ではなく、開かれた心の態度を持っていたら、カレブとヨシュアのことばに同意し、約束の地を相続していたでしょう。

＊

　それでは、具体的にどのように祈ったらよいのでしょう。イエスは、マタイの福音書6章9節で、「ですから、あなたがたはこう祈りなさい」と「主の祈り」を教えてくださいました。イエスが教えてくださった「主の祈り」には祈りに必要なすべての要素が含まれています。ギリシア教父たちは「主の祈り」の中に福音のエッセンスが含まれていると教えました。「福音とは何か、分かりやすく説明してください」との問いかけに、教父の一人は「主の祈り」を朗読すればいいと答えました。

「天にいます私たちの父よ」

「ですから、あなたがたはこう祈りなさい。『天にいます私たちの父よ。』」
（マタイ6・9）

呼びかけ

「主の祈り」は「天にいます私たちの父よ」との呼びかけをもって始まります。祈りにとって何よりも大切なのが、「呼びかけ」です。誰に祈るのか、その理解と悟りが祈りの本質を決定します。祈りにとって神観、神がどのようなお方なのかが土台（確信の根拠）となることは述べました。「天にいます私たちの父」と祈るとき、その祈りの土台には「私たちの父なる神」という神観だけでなく、「天にいます」との立場、地位も含まれます。主の祈りが「私たちの父なる神」と呼びかけるだけでなく、「天にいます」と付け加えることによって、祈りの土台は揺るがないものとなります。

「天」、ギリシア語のウラノスとは、「地」と対称の「天」という意味で一般的に用いられることばです。新約聖書では二百七十八回も使われています。この「天」（英 Heaven）は、特定の場所を強く意識させます。天とは死を迎えた後にたどり着く「天の故郷」というイメージではないでしょうか。その場合、「天にいます私たちの父」との呼びかけは、「天国におられる私たちのお父さん」という意味合いになるのでしょう。

しかし、イエスが「私たちの父」だけでなく、「天にいます」と付け加えたのは、単に「天国におられる」との場所を示すためではありません。私たちの祈りが自己暗示とならないために不可欠なことは、「私たちの父」が「天にいます」、すべての権威の上、すべてのことを正す立場にあるという事実なのです。もし、父なる神が天にいなければ、親身になって祈りに耳を傾けてくれる安心感はあっても、それは気休めでしかありません。

「悪い裁判官」のたとえ

イエスは「いつでも祈るべきで、失望してはいけないことを教えるために」（ルカ18・1）、「悪い裁判官」のたとえを話しました。このたとえは「失望しないで祈ること」と「正しい裁きが担保されていること」が密接に関係していることを教えています。

「ある町に、神を恐れず、人を人とも思わない裁判官がいた。」（18・2）

司法制度の腐敗は、人々の心に無力感を植えつけます。その町の人々の心が「無力感」に囚われていたことは容易に想像がつきます。おそらく、「正しい裁き」を求めて裁判所の扉を叩く人は誰もいなかったのかもしれません。キリスト者の祈りが止んでしまうことと重なります。

しかし、その町にいた一人のやもめが裁判所の扉を叩き、「私を訴える人をさばいて、私を守ってください」（18・3）と懇願しました。彼女が社会的に弱い立場に置かれていたこと、守ってくれる人が誰もいなかったことが分かります。彼女は裁判官の悪い噂を聞いていたはずです。賄賂で買収され、人脈、コネで裁きを曲げていたことも知っていたはずです。やもめの身であった彼女には、賄賂を渡す経済力も、有利な判決をしてもらえる人脈、コネもありませんでした。彼女には裁判所の扉を叩き続けるしか、選択肢はありませんでした。もはや祈るしか選択肢がなかったのです。これは、恵みの経験です。

「この裁判官はしばらく取り合わなかった」（18・4）とあるように、悪い裁判官はやもめの訴えを取り上げる気などさらさらありませんでした。しかし、彼女は失望しないで裁判所の扉を叩き続けたのです。すると、裁判官は、「後になって心の中で考えた。『私は神をも恐れず、人を人とも思わないが、このやもめは、うるさくて仕方がないから、彼女のために裁判をしてやることにしよう。そうでないと、ひっきりなしにやって来て、私は疲れ果ててしまう』」（18・5）とあります。結果的に、悪い裁判官のほうが屈したのです。

失望しない祈り

イエスは、「不正な裁判官が言っていることを聞きなさい」（18・6）と言いました。「ひっきりなしにやって来て、私は疲れ果ててしまう」――彼女が唯一持っていたのは、「失望」せず、諦めない固い決意でした。しかし、彼女が裁判所の扉を諦めずに叩き続けたのは、悪い裁判官がいつか正しい裁きをしてくれると期待したからではありません。

このたとえは、失望しないで祈るためには不屈の精神が必要だと教えているのではありません。いや、それよりも「まして神は、昼も夜も神に叫び求めている、選ばれた者たちのためにさばきを行わないで、いつまでも放っておかれることがあるでしょうか」（18・7）と、天にいます父なる神が正しい裁きをしてくださるとの揺るがない確信が不屈の精神となりました。やもめの祈りが「失望しない祈り」であったのは、「天にいます私たちの父」がその祈りの土台、揺るがない確信となっていたからです。

さらに、私たちが祈るとき、神がどこにおられるのかということからも大きな違いが生まれます。もしも主イエスが、こっそりと私たちの心の中にしまいこまれている方でしかないなら、もしも神が、人間の最大の願望や最高の経験の投影でしかないなら、祈ることには何の意味もありません。このような小さな神々には、私たちが抱えている大きな問題を前にして何もすることはできないのです。しかし、私たちは「天にいます」父なる神に向かって呼びかけます。だからこそ私たちは、途方もなく大きな贈り物が分け与えられることを大胆に求め、世界への食物を、国家間の平和を、結婚生活の癒しを、癌の治癒を、そして雨を求めて祈るのです。私たちがそのような贈り物を求めて大胆に祈るのは、私たちの祈りの相手が天地を支配しておられる唯一の方、天におられる父であるからです。

(W・H・ウィリモン、S・ハワーワス『主の祈り —— 今を生きるあなたに』六四頁)

「父なる神」

旧約聖書に登場する人物で天地万物の神を「父なる神」と啓示した人物は一人もいません。なぜなら、天地万物の神に向かって、「父」と呼べるのは、神の御子イエスおひとりだからです。「父なる神」という神観は、御子イエスだけが啓示できたのです。

いまだかつて神を見た者はいない。父のふところにおられるひとり子の神が、神を説き明かされたのである。（ヨハネ1・18）

イエスが説き明かした「父なる神」は、多くの人がイメージする父の姿とは異なります。父親との確執で悩んでいる人から、父なる神のイメージが実の父親と重なり、疎外感を抱いてしまうとの声をよく耳にします。父親ということばを聞いて、「親しさ」「親密さ」というフレーズが心に浮かぶ人は多くないはずです。母性社会の日本では、子どもの心は母親と距離が近く、父親とは遠いことが一般的です。父親との心の距離の遠さが拒絶感ともなります。父親は母親と同じようにわが子を深く愛していても、心を開いて親しい関係を築くことが苦手だけなのかもしれません。しかし、理由はどうであれ、父との心の距離が縮まらないと、子は拒絶感を覚えてしまいます。

「父のふところ」とは、父の心臓の鼓動の音が聞こえる距離、父の弱さ、悩み、苦悩を感じる近さです。多くの父親は、一心同体となるはずの妻さえ自分のふところに招き入れることをためらいます。しかし、「父なる神」はご自分のふところを大きく開いているお方です。

レンブラントは、父のふところに顔をうずめる放蕩息子の姿を描いています。イエスが天地万物の神を「父なる神」として説き明かしたのは、父なる神のふところ（親密さ）へ招き入れるためでした。しかし、実の父と疎遠な人は、最初から父なる神との親密な関係を期待していないのかもしれません。三位一体なる神の交わりの親密さの象徴は、父と子の関係です。キリスト者が神との親密さを願うなら、父なる神の子として生きることが求められるのです。

神の御霊に導かれる人はみな、神の子どもです。（ローマ8・14）

子とされること

プロテスタント神学の救済論、救いの教理において、「子とされること」はあまり強調されてきませんでした。救済論において、イエス・キリストを救い主として信じ、「義とされること」、「罪の赦し」が救いの本質と教えられてきました。神の目に義とされることは救いに不可欠ですが、神との親密さを与えるものではありません。神との親密さは「子とされていること」、父と子の関係性に生きることからもたらされるのです。

あなたがたは、人を再び恐怖に陥れる、奴隷の霊を受けたのではなく、子とする御霊を

受けたのです。この御霊によって、私たちは「アバ、父」と叫びます。（ローマ8・15）

聖書は「子」と「奴隷の霊」を対比しています。「奴隷の霊」という霊は存在しません。神との関係において自らを奴隷、代替可能な存在、唯一無二の存在ではなく「その他大勢」とみなしてしまう、「見捨てられること」への恐れのことなのです。キリスト者は神との関係において、「子」、あるいは「奴隷」という二つの立場のどちらかにしか立てないのです。中立的な立場は存在しません。別の言い方をすれば、神は私たちを子とみなす父なのか、あるいは、単なる労働力とみなす雇い主なのか、私たち自身の選択が神との関係性を決定します。

御霊ご自身が、私たちの霊とともに、私たちが神の子どもであることを証ししてくださいます。（ローマ8・16）

イエスを救い主と信じる人は、聖霊なる神を心のうちにいただいています。内住の聖霊なる神は、「御霊ご自身が、私たちの霊とともに、私たちが神の子どもであることを証ししてくださいます」とあります。聖霊なる神が「子とされていること」を証ししてくださるのは、救いの確信が「義とされていること」よりも「子とされていること」によって深まるからです。イエスが主の祈りにおいて、「天にいます義なる神」ではなく、「天にいます父なる神」と呼びかけることを教えたのはそのためです。

「救いの確信」が「義認」、「罪の赦し」だけに基づいていると、神とのパーソナルな関係は希薄です。神の子とされた確信によってこそ、「アバ、父よ」（ガラテヤ４・６）と呼ぶことができるのです。

「アバ、父よ」

この「アバ」とは、幼い子が親しみを込めて父を呼ぶことばではあります。しかし、イエスはゲツセマネの園で、「アバ、父よ、あなたは何でもおできになります。どうか、この杯をわたしから取り去ってください。しかし、わたしの望むことではなく、あなたがお望みになることが行われますように」（マルコ14・36）と、極限状態の中で、「アバ、父よ」と呼びかけました。「アバ、父よ」とは、幼い子が父を呼ぶだけの呼称ではありません。

＊

天地万物の神に向かって「アバ、父よ」と呼べるのは、親密な関係だけでなく、契約関係も示唆しています。

「放蕩息子のたとえ」（ルカ15章）では、弟息子が父のもとに来て、「お父さん、財産のうち私がいただく分を下さい」（15・12）と生前の財産分与を求めました。生前分与を求めることは、「お父さん、あなたが死ぬのはもう待てない」と父の死を暗に願う、本来なら絶対に許されない父への冒瀆《ぼうとく》行為でした。しかし、父は財産を兄と弟に分け与えたのです。

なぜ父は弟息子の要求を冒瀆だと一蹴せず、兄と弟に財産を分け与えたのでしょうか。父は弟息子の強引な要求に屈したのでしょうか。それとも、弟息子を喜ばせたかったのでしょうか。そうではありません。弟息子の要求には、「父の生前」という時期尚早と不敬という問題はありましたが、財産の要求は子の権利でした。自分の取り分を要求した行為は「祈り」とも言えます。

キリスト者が子として自分の取り分を神に要求することは「祈り」なのです。それは、身分不相応な要求でも、不当要求でもありません。彼はあくまでも「自分の取り分」を求めたのです。

「天にいます私たちの父よ」と呼びかけるとき、自分の取り分を求めているという自覚はあるでしょうか。私たちの祈りは物乞いではありません。

子どもであるなら、相続人でもあります。私たちはキリストと、栄光をともに受けるために苦難をともにしているのですから、神の相続人であり、キリストとともに共同相続人なのです。（ローマ8・17）

相続人の自覚

弟息子と比べて、兄息子には相続人という自覚が希薄だったようです。兄息子は、帰郷した弟のために祝宴を設けた父に怒りをぶつけました。

「ご覧ください。長年の間、私はお父さんにお仕えし、あなたの戒めを破ったことは一度もありません。その私には、友だちと楽しむようにと、子やぎ一匹下さったこともありません。」（ルカ15・29）

弟息子が父に生前分与を要求したとき、兄息子も父から財産を分与してもらったはずです。なぜ兄息子は、「子やぎ一匹下さったこともありません」と文句を言うのでしょうか。父から分与された財産だけでは不満だったのでしょうか。

兄息子は弟の二倍の財産を分与されたのですが、財産の権利を得ただけでした。弟息子はその権利を行使して、分与された財産を現金化し、自由に使えるようにしたのです。兄息子は権利を保有したままでした。その権利を行使し、現金化しなかったのです。そのことは、「子やぎ一匹下さったこともありません」と父に怒りをぶつけたことからも、うかがい知れます。祈りとは、子としての権利を行使して、相続した財産を現金化することだと言えるのです。父は不平を言う兄息子に向かって、「子よ、おまえはいつも私と一緒にいる。私のものは全部おまえのものだ」（15・31）と諭したのです。「私のものは全部おまえのものになっている」、権利が父から移譲されたとき、財産は「彼のもの」になったのです。兄息子は権利を行使し、財産の一部を現金化し、友だちと楽しむために肥えた子牛をほふればよかったのです。

イエスが「私たちの父」と呼びかけることを教えたのは、「子どもであるなら、相続人でもあります」との自覚を持つためでした。

「アバ、父よ」と呼びかけるとき、「あなたのものは全部私のものです」と主張することができるのです。

父なる神に向かって子の立場で祈らないと、大胆に祈り求めることに躊躇《ためら》いが生じます。必要最低限のものしか祈り求めなくなるかもしれません。罪赦された罪人というアイデンティティは間違ってはいませんが、大胆な祈りの妨げともなります。天地万物の神に向かって「アバ、父よ」（ガラテヤ4・6）と呼ぶとき、祈りは大胆になります。親しい関係は厚かましさと紙一重です。

わたしは　あなたの神　主である。わたしが　あなたをエジプトの地から連れ上った。
あなたの口を大きく開けよ。わたしが　それを満たそう。（詩篇81・10）

「私たちの父」

なぜイエスは「私の父」ではなく、「私たちの父」と呼びかけるように教えたのでしょうか。それは、「主の祈り」が個人的な祈りではなく、信仰の共同体の祈りだからです。「私の父」ではなく、「私たちの父」と呼びかけることの目的、意義とは何でしょうか。救いとは、イエスを救い主と信じ、罪赦され、天国に入れることだけではなく、「信仰の共同体」に属することを意味しています。

キリスト教が個人主義の影響を受けたことによって、本来「共同体」のものだった信仰が、「個人」のものとの誤解が生じました。「私たちの信仰」という複数形から、「私の信仰」という単数形になってしまいました。「私たちの父」との呼びかけは、信仰の共同体との連帯へ導き入れ、信仰を単数形から複数形に広げます。それは、アブラムが信仰の父アブラハムへとなっていく信仰の旅路と重なります。

信仰の父アブラハムは、まだアブラムと呼ばれていた七十五歳のとき、神との個人的な出会いを経験しました。すべての人がそうであるように、アブラムの信仰の歩みも神との個人的な出会いによって始まりました。天地創造の神は、「あなたは、あなたの土地、あなたの親族、あなたの父の家を離れて、わたしが示す地へ行きなさい。そうすれば、わたしはあなたを大いなる国民《くにたみ》とし、あなたを祝福し、あなたの名を大いなるものとする。あなたは祝福となりなさい」（創世12・1～2）と約束しました。神の招きに応答するなら「あなたは祝福となる」とは、アブラムという名が祝福の代名詞となるとの意味です。この時点では、まだ信仰は単数形です。

しかし、神は「わたしは、あなたを祝福する者を祝福し、あなたを呪う者をのろう。地のすべての部族は、あなたによって祝福される」（12・3）と告げました。アブラムは、「祝福の基」となるように召されていました。単数形の信仰は「蔵」であり、複数形の信仰は「管」だと言えます。アブラムが「祝福の基」となるためには、祝福を蓄える「蔵」ではなく、祝福を流し出す「管」となる必要がありました。五千人の男たちを前に、イエスが裂いたパンこそが

「祝福された人生」の象徴とみなすのです。

七十五歳のアブラムは、「跡継ぎ」のことに心がとらわれていました。彼自身は「大いなる国民」となることにはまったく関心がなく、「父親」となり、財産を自分の子に託したかったのです。

基本的に、祈りは個人的な願望から生まれます。個人的な願望を祈ることは、何の問題もありません。しかし、祈りが個人的な願望に留まり続けると、「私の信仰」のままとなり、願いが重荷となっていきます。なぜなら、単数形の信仰は願いを一人で背負うからです。「祈りが聞かれるかは、あなたの信仰次第」と、祈りが自己責任の下に置かれるからです。

年を重ね、老いていくアブラムにとって、「跡継ぎ」を求める願いは重荷となっていきました。その重荷は妻サライへのしわ寄せとなりました。

サライの解決策

ある日、妻のサライが落胆している夫アブラムに「解決策」を提案しました。自分の女奴隷を夫に妻として与えるというのです。アブラムとサライがカナンの地に移り住んでから十年の歳月が経っていました。妻のサライは夫アブラムに、「ご覧ください。主は私が子を産めないようにしておられます。どうぞ、私の女奴隷のところにお入りください。おそらく、彼女によって、私は子を得られるでしょう」（創世16・2）と進言しました。

この進言はサライの本心なのでしょうか。絶対に違います。サライは、夫アブラムとハガルとの間に生まれた子どもの母になれると本気で考えていたのでしょうか。サライは「主は私が子を産めないようにしておられます」と、意地悪な神から願いを引き上げ、腹いせに、虚しく、はかないものに望みを託した、神への「当てつけ」にしか思えないのです。

母になりたいとの素朴な願いを蔑《ないがし》ろにされたと感じたからではないでしょうか。あるいは、神が何もしてくださらないと深く失望し、安易な手段によって願いを叶《かな》えようとする誘惑に陥ったとも考えられます。

理由はどうであれ、サライは人生で最も愚かな決断を下すことになりました。神に深く失望するとき、大切な決断を絶対に下すべきではありません。これは、意思決定の鉄則です。サライが後悔することは目に見えていました。アブラムはサライの愚かな進言を退けるべきでした。しかし、彼の頭の中は「後継ぎ」のことでいっぱいでした。サライの苦悩に気づかなかったのです。

女奴隷ハガルは、アブラムの子をみごもったことを知ったとき、サライを見下げるようになりました。「おそらく、彼女によって、私は子を得られるでしょう」とのサライの期待は、失望、そして怒りに変わりました。サライは夫アブラムに向かって、「私に対するこの横暴なふるまいは、あなたの上に降りかかればよいのです。この私が自分の女奴隷をあなたの懐に与えたのに、彼女は自分がみごもったのを知って、私を軽く見るようになりました。主が、私とあなたの間をおさばきになりますように」（16・5）と、夫婦間に修復困難な亀裂が入ってしまったのです。

なぜサライは自分から言い出したことなのにアブラムを責めたのでしょうか。サライは落胆する夫の姿を目にするたびに、子を産めない自分が責められているように感じたのでしょう。サライは夫の願いを叶えるために、不本意ながらも、自分の女奴隷ハガルを妻として与えたのです。サライが神に代わってアブラムの祈りに答えなければならなくなりました。アブラムの失意はサライの重荷となりました。結果、サライは母になれない苦しみが増し加わっただけでなく、妻の立場さえ危うくなりました。それから十三年の歳月が経ちました。

私たちの信仰

神は九十九歳のアブラムに現れてくださり、「あなたは多くの国民の父となる。あなたの名は、もはや、アブラムとは呼ばれない。あなたの名はアブラハムとなる。わたしがあなたを多くの国民の父とするからである」(17・4)と告げました。「アブラムとは呼ばれない」とは、約束の子を自分の「跡継ぎ」として求めてはならないとの意味でもあります。「あなたの名はアブラハムとなる」、すなわち「多くの国民の父」となるからです。「私の信仰」から「私たちの信仰」となることを意味しました。

アブラムは自分の「跡取り」に執着していたのですが、「あなたの子孫は、このようになる」(ローマ4・18)との神のことばは、「跡取り」への執着から彼を解放したのです。彼は「跡取り」ではなく、子孫を慕い求めるようになったのです。「神には約束したことを実行する力がある、と確信していました」(ローマ4・21)。アブラムが一人で信じたというよりも、信仰の連帯によって信じたと言ってもいいと思います。

＊

主の祈りにおいて、「私たちの父」と呼びかけるとき、もはや、私たちは自分の願いを自分ひとりで背負わなくてもいい、神を信じるすべての人があなたの願いを自分の願いとして祈っていてくれている、その真理に目が開かれていくのです。

「御名が聖なるものとされますように」

「御名が聖なるものとされますように。」（マタイ6・9）

神の御名を「聖別する」

新改訳聖書第三版では、「御名があがめられますように」と訳されていましたが、新改訳2017では「御名が聖なるものとされますように」となりました。「あがめられますように」と訳されていたギリシア語のハキアゾーは「聖別する」との意味です。「御名が聖なるものとされますように」のほうが原語に忠実です。

神の御名を「聖別する」とはどのような意味でしょうか。十戒の第三戒は、「あなたは、あなたの神、主の名をみだりに口にしてはならない。主は、主の名をみだりに口にする者を罰せずにはおかない」（出エジプト20・7）と命じています。神の御名を聖別することの対極にあるのが、「神の名をみだりに口にすること」だと言えます。一般的な解釈は「神の御名をみだりに、すなわち、軽率、軽々しく口にしてはいけない」です。

　ユダヤ人はモーセが聞いた「神の名」を軽率に唱えることがないように、「アドナイ」という別名を使うようになりました。アドナイという別名なら軽率に口にしても、「神の御名をみだりに口にしてはならない」との戒めを破ることにはならないと考えたのです。その考えこそ軽薄です。その結果、モーセが聞いた神の名の正しい発音は失われることになりました。

神の名を尋ねたモーセ

　モーセは神の名を初めて聞いた人物でした。彼が神の名を尋ねたのには理由がありました。エジプトから逃げ出した日から四十年の歳月が経っていました。八十歳になったモーセが羊の群れと共にホレブの山にやって来たときのことです。燃えている柴がいつまでも燃え尽きない光景に目が留まりました。乾燥した柴は自然発火で燃えるのですが、一瞬で灰になります。しかし、その柴は燃え続けていたのです。

　「燃え続ける柴」は神の情熱の象徴です。モーセは好奇心からだけでなく、神の情熱に心惹かれたのではないでしょうか。四十年前、彼の情熱は一瞬で灰になってしまったからです。

　モーセが近づいていくと、柴の中から「モーセ、モーセ」（出エジプト3・4）と彼の名を呼ぶ神の声が聞こえました。彼は、「はい、ここにおります」（同）と応答しました。神は、「ここに近づいてはならない。あなたの履き物を脱げ。あなたの立っている場所は聖なる地である」（3・5）と告げたのです。聖別とは、あるものを他のものとはっきりと区別することです。モーセにとって靴を脱ぐことが、立っていた地を聖なる地として聖別することを意味しました。世界中にはさまざまな宗教にとっての「聖地」があります。クリスチャンはイスラエル訪問を聖地旅行と呼びます。モーセが立っていた場所が聖地だったのは、神がご臨在を現した場所だったからです。

神はモーセに、「わたしはあなたの父祖の神、アブラハムの神、イサクの神、ヤコブの神である」（3・6）と語りました。モーセにとって、声の主が「父祖の神」と名乗るだけで十分でした。しかし、神がモーセをエジプトに遣わすことを告げたとき、モーセは「今、私がイスラエルの子らのところに行き、『あなたがたの父祖の神が、あなたがたのもとに私を遣わされた』と言えば、彼らは『その名は何か』と私に聞くでしょう。私は彼らに何と答えればよいのでしょうか」（3・13）と神の名を尋ねたのです。モーセが神の名を尋ねたのは、「父祖の神」と告げただけではヘブル人たちに信頼してもらえないと考えたからです。すなわち、「神の代理人」として遣わされたことを信じてもらうためでした。

モーセの心配

それだけでなく、モーセが神の名を尋ねたのは、偶像の神々が溢れるエジプトの地で奴隷となっていたヘブル人たちが父祖の神、天地万物の神と偶像の神々をはっきりと区別し、真の神を礼拝するためでもありました。彼はエジプトの地に溢れていた偶像の神々と父祖の神、天地万物の神が一緒くたにみなされることを心配したと考えられます。

モーセの心配は現実となりました。エジプトの地から脱出した直後、モーセがシナイ山に四十日四十夜留まっていたとき、民はモーセが山から下りてことないことにしびれを切らし、兄のアロンのもとへ集まり、「さあ、われわれに先立って行く神々を、われわれのために造ってほしい。われわれをエジプトの地から導き上った、あのモーセという者がどうなったのか、分からないから」（32・1）と懇願しました。

アロンは民の要望に応じ、エジプト人から受け取った装飾品を集め、金の子牛の鋳造を造り、「イスラエルよ、これがあなたをエジプトの地から導き上った、あなたの神々だ」（32・4）と宣告したのです。天地万物の神が「金の子牛」に置き換えられた瞬間でした。神がエジプトで神と崇められていた牛に置き換えられたのです。アロン自身、天地万物のの神々との区別が明確でなかったことが露呈しました。アロンと民は「金の子牛」を偶像だとは考えていませんでした。彼らは金の子牛をエジプトから連れ上った天地万物の神として礼拝をささげたのです。
ここに、イエスが「御名が聖なるものとされますように」と祈ることを教えた理由があります。イエスがそう祈るように教えたのは、天地万物の神を偶像の神々から聖別、つまりはっきりと区別し、天地万物の神の真実な姿を礼拝するためなのです。

「主よ、あなたはどなたですか」

パウロがサウロと呼ばれていたとき、教会を迫害することに心を燃やしていました。エルサレムで暮らすクリスチャンを捕らえることだけでは満足せず、大祭司のもとへ行き、ダマスコの諸会堂に手紙を書いてくれるように頼みました。サウロはダマスコに向かう途中、天からの光に打たれ、地に倒されました。地に倒されたサウロは、「サウロ、サウロ、なぜわたしを迫害するのか」（使徒9・4）と彼の名を呼ぶ神の声を聞きました。
サウロは声の主に向かって、「主よ、あなたはどなたですか」（9・5）と尋ねたのです。「主」と訳されるギリシア語のキュリオスは、新約聖書ではおもに神の呼称として用いられています。サウロが声の主に「主よ」と呼びかけていながら、「あなたはどなたですか」と尋ね返したことに驚かされます。モーセがアブラハム、イサク、ヤコブの神に向かって、「あなたはどなたですか」と尋ねるようなものです。

一神教のユダヤ人サウロが「主よ」と呼びかけた方に向かって、「あなたはどなたですか」と尋ね返したのは、「私はあなたを知りません」との思いからでした。彼は父祖の神、天地万物の神に献身的に仕えてきたことを誇りとし、迫害したことなどまったく身に覚えがなかったからです。言いがかりをつけられたと感じたのでしょう。しかし、迫害した覚えがないからと言って、「主よ」と呼びかけた方に「あなたはどなたですか」と尋ねるのは、天地万物の神の存在よりも自らの存在を揺るぎないものとする高ぶりでしかないのです。

次の瞬間、「わたしは、あなたが迫害しているイエスである」（9・5）とのことばを聞いたとき、天地がひっくり返るような衝撃を受けたに違いありません。律法《トーラー》、預言書に精通したパウロにとって、イエスが神の御子だとまったく分からなかっただけでなく、「神を冒瀆《ぼうとく》する者」とみなし、イエスの福音を宣べ伝えるクリスチャンを迫害することが神に仕えることだと信じて疑わなかったからです。サウロの抱いてきた神観、神のイメージの歪みが露呈したのです。しかし、これはサウロだけの問題ではなく、当時のユダヤ人たちに共通する問題でした。天地万物の神、アブラハム、イサク、ヤコブの神を礼拝していたユダヤ人たちは、神の御子イエスが神だと分からなかっただけでなく、天地万物の神を冒瀆したとの罪で死刑を言い渡したのです。

八百万《やおよろず》の神々のイメージ

弟子のピリポがイエスに、「主よ、私たちに父を見せてください。そうすれば満足します」（ヨハネ14・8）とお願いしました。イエスは、「ピリポ。こんなに長い間、あなたがたと一緒にいるのに、わたしを知らないのですか。わたしを見た人は、父を見たのです。どうしてあなたは、『私たちに父を見せてください』と言うのですか」（14・9）と答えました。弟子たちはイエスと三年半もの間、寝食を共にしていながら、イエスが誰だかはっきりと理解していなかったのです。もし、イエスが二十一世紀の現在に人として来られたとしたら、いったいどれだけの人がイエスに気づくのでしょうか。

この祈りはすべてのキリスト者の祈りなのですが、多神教の国、日本で生きるキリスト者にとっては切実な祈りなのではないでしょうか。物心ついた頃から神々の影響を受けた人がイエスを救い主と信じたとき、その人の神観、神のイメージには神々のイメージが幾重にも重なっているはずです。「罰を与える神」「因果応報の神」というイメージはその代表例です。

日本には八百万の神々、数え切れないほどの神々がいると考えられています。多神教の国では、「天地万物の神」もそのうちのひとりにすぎないとみなされています。人が「私は神を信じない」と言うとき、拒絶する神には天地万物の神もトイレの神様も一緒くたにされています。天地万物の神も八百万の神々のひとりでしかないのです。

九九パーセントの日本人が天地万物の神を信じないのは「神」を否んでいるのであって、天地万物の神、御子イエスを意識的に拒んでいるのではありません。神の裁きの座で、「なぜ、あなたは私を拒んだのか」と尋ねられたら、「私はあなたを拒んだ覚えはありません」と答えるのではないかと危惧します。キリスト者はまだイエスを知らない人々が他の神々とイエスをはっきりと区別できるように、「御名が聖なるものとされますように」と祈らなければならないのではないでしょうか。

神に栄光を帰すこと

「御名が聖なるものとされますように」との祈りは、神に栄光を帰すことも教えています。「神に栄光を帰すこと」は、命じられるべきことなのでしょうか。それとも、自発的なものなのでしょうか。もし「神に栄光を帰すこと」を強いられていると感じるなら、神について大きな誤解をしています。栄光は神のものです。神に栄光を帰すことに抵抗を覚える心は、貪欲に蝕《むしば》まれています。十戒の最後の戒めは、貪欲を禁じています。

「あなたの隣人の家を欲してはならない。あなたの隣人の妻、男奴隷、女奴隷、牛、ろば、すべてあなたの隣人のものを欲してはならない。」（出エジプト20・17）

神こそ隣人の代表であり、神の栄光を欲することが貪欲の根源です。神の栄光を貪《むさぼ》るなら、貪欲は制御不能に陥っていきます。神がキリスト者に栄光を帰すことを求めるのは、貪欲に陥らないためです。貪欲に陥ると、神を搾取する方とみなすようになります。

タラントのたとえ

マタイの福音書25章の「タラントのたとえ」に登場する、一タラントを委ねられたしもべは、「神に栄光を帰すこと」をはなはだしく誤解していました。一タラントを預かったしもべは「出て行って地面に穴を掘り、主人の金を隠した」（25・18）のです。なぜ、彼は他のしもべたちのように、そのお金を元手にして商売しなかったのでしょうか。なぜ、そのお金を隠したのでしょうか。彼は商売して利益を出しても、主人が豊かになるだけで、自分は搾取されて貧しくなると恐れたからです。主人のお金を地面に隠すことだけが、主人から搾取されない唯一の対抗策だったのです。

長い旅から主人が帰って来ました。主人はしもべたちと清算の時を持ちました。五タラント、二タラントを預かったしもべは元手を倍にしたと報告し、「よくやった。良い忠実なしもべだ。おまえはわずかな物に忠実だったから、多くの物を任せよう。主人の喜びをともに喜んでくれ」（25・21、23）と忠実な働きが評価されました。

一タラントを預かったしもべは、その光景をどのような思いで眺めていたのでしょうか。「しまった。私も同じように商売をして、さらに一タラントを儲けていたなら、私も褒めてもらえ、もっと多くを任せてもらえたはずだったのに」と後悔したのでしょうか。決してそうではありません。彼は主人に褒められ、さらに多くのお金を任されたしもべたちに、哀れみと軽蔑の眼差しを向けたに違いありません。「ああ、また主人の口車に乗せられて、主人を富ませるために働かされることに気づいていない、馬鹿な奴らだ」ときっと心の中で思ったことでしょう。彼には後悔のかけらもなかったのです。

一タラントを預かったしもべは、「ご主人様。あなた様は蒔かなかったところから刈り取り、散らさなかったところからかき集める、厳しい方だと分かっていました。それで私は怖くなり、出て行って、あなた様の一タラントを地の中に隠しておきました」(25・24〜25)と、一方的に主人を「搾取する者」と非難し、主人のお金を殖やさなかったことを正当化したのです。しもべの弁明は言いわけに過ぎません。彼は主人のお金を欲していたのです。自分に栄光を帰すことに心が支配されていたのです。彼は主人が栄光を受けることを妬んだのです。

主人の喜び

主人は、そのしもべから預けた一タラントを取り上げ、十タラント持っているしもべに与えました。一タラントを預かったしもべは、主人のお金が「恵み」であることを理解していませんでした。イエス・キリストの恵みとは、「私たちを富む者とするために神が貧しくなられた」(Ⅱコリント8・9参照)というパラドックス、逆説です。

キリストは神の御姿であられるのに、神としてのあり方を捨てられないとは考えず、ご自分を空しくして、しもべの姿をとり、人間と同じようになられました。(ピリピ2・6〜7)

主人が、「おまえはわずかな物に忠実だったから、多くの物を任せよう」（マタイ25・21）と語ったとき、主人は自分の財を殖やすことだけでなく、自分の富をしもべに与え尽くすために、忠実な心、主人の金を敬う心を育てることも意図していたのではないでしょうか。主人は、「主人の喜びをともに喜んでくれ」（25・21）と喜びを分かち合うことを求めました。主人は、自分のお金が殖えたことを喜んでいるのでしょうか。そうではなく、しもべが忠実に自分のお金を管理したことで、さらに多くを任せること、すなわち、しもべを富む者とすることを喜んだのです。

だれでも持っている者は与えられてもっと豊かになり、持っていない者は持っている物までも取り上げられるのだ。（マタイ25・29）

「天にいます私たちの父よ。御名が聖なるものとされますように」（マタイ6・9）と、自分の願いごとを祈る前に、神に栄光を帰すことを「すべての願い」の上に置くことによって、神の祝福を管理する心が養われ、神の祝福に富む者とされるのです。キリスト者は、神と共同相続人とされていることを忘れないでいたいと思います。

祈りの動機

祈りにとって「呼びかけ」と等しく重要なのが「動機」です。なぜなら、神にとって「動機」は非常に大切な要素だからです。

求めても得られないのは、自分の快楽のために使おうと、悪い動機で求めるからです。

（ヤコブ4・3）

ヤコブは、祈りが聞かれないのは「悪い動機で求めるからです」と教えています。神にとって「悪い動機」で求める祈りに応えることは「祝福」を与えることにはなりません。悪い動機は神の祝福を「のろい」に変えてしまうからです。「悪い動機」とは「自分の快楽のために使う」、すなわち、「利己的な願い」だと言えます。

それでは、祈りが聞かれる前提、「良い動機」とは、他者を祝福することだけに限られるのでしょうか。私たちの祈りの動機は単純ではありません。それどころか、非常に複雑です。「悪い動機」とまでは言わなくても、「利己的な思い」が入り混じっています。親が子どものために祈るときでさえ、利他の心、子どもの幸せを純粋に願う気持ちだけでなく、親自身の「利己的な思い」が入り混じっているのではないでしょうか。

ヤコブとヨハネの願い

ある時、ゼベダイの子、ヤコブとヨハネが母親を伴ってイエスのもとを訪ねてきました。母親はイエスの前にひれ伏し、「お願いがあります」と切り出しました。この母の願いは母の祈りと言えます。イエスが彼女に「何を願うのですか」と問うと、彼女は「私のこの二人の息子があなたの御国で、一人はあなたの右に、一人は左に座れるように、おことばを下さい」（マタイ20・21）と二人の息子の出世の確約を願いました。

おそらく、二人の息子が母を説き伏せて、自分たちの願いを代弁してもらったのでしょう。しかし、母親自身も二人の息子が他の弟子たちよりも出世することを密かに願っていたかもしれません。「利己的な願い」の本質は、神よりも自分に栄光を帰すことを優先することです。

イエスはヤコブとヨハネに向かって、「あなたがたは自分が何を求めているのか分かっていません」（20・22）と語りました。本当にそうなら、驚くべきことです。ヤコブとヨハネは「私たちは自分たちが何を求めているのかよく分かっています。あなたに次ぐ二番目と三番目の高い地位です」と心の中でつぶやいたかもしれません。

イエスがそのように言ったのは、ご自身の右と左に着座するとは「キリストの苦しみ」にあずかることだったからです。彼らは、イエスの右と左の座がこの世の栄光の座だと考えていました。まだこの時点で、彼らは「キリストの苦しみ」にあずかることを願っていたわけではありません。もう少し厳密に言うと、彼らは自分たちのうちにある本当の願い、キリストの苦しみにあずかることへの願いと出会っていませんでした。キリスト者にとって、真の栄光、すなわち光栄とは「キリストの苦しみ」にあずかることでした。

今、私は、あなたがたのために受ける苦しみを喜びとしています。私は、キリストのからだ、すなわち教会のために、自分の身をもって、キリストの苦しみの欠けたところを満たしているのです。（コロサイ1・24）

キリスト者の内面が変革されるためには、神の願いと一体化することが不可欠となります。神の願いに自らの願いを重ねるのです。神の願いと自らの願いが乖離《かいり》しているかぎり、神に似る者となるための内面の変革は起こりません。イエスは、「あなたがたはわたしの杯を飲むことになります」（マタイ20・23）と語りました。いずれ、彼らもキリストの苦しみにあずかることを光栄とみなす日が訪れることを示唆しました。イエスのことばどおり、ヤコブは殉教の死を遂げ、ヨハネはパトモス島で幽閉生活を強いられることになりました。彼らは本当の願いと出会い、イエスの苦しみの杯を喜んで飲んだのです。

神に栄光を帰す方法

キリスト者は具体的に何をすれば神に栄光を帰すことができるのでしょうか。神に栄光を帰すことは観念的なことではありません。

①称賛

まず、キリスト者が神に帰す「栄光」とは、自分たちが受ける「称賛」です。キリスト者が「称賛」を受けるとき、その称賛が神のものであると認めることです。イエスは、「あなたがたの光を人々の前で輝かせなさい。人々があなたがたの良い行いを見て、天におられるあなたがたの父をあがめるようになるためです」（マタイ5・16）と命じました。

サッカーの試合などで得点を入れた選手が大歓声の中、天を指さすポーズをご覧になられたことがあるのではないでしょうか。プロサッカー選手にとって、称賛を受ける良い行いとは、シュートを決めること、得点を取ることです。観衆からの称賛の嵐の中で、天を指さしながら、神に栄光を帰す姿に深い感銘を受けます。自分への称賛を神のものとして神に帰す行為の良い模範です。当然、ポーズだけの選手もいるでしょう。その人は報いを受け取っているので、神からの報いはありません。

＊

しかし、マタイの福音書6章3節では、イエスは「あなたが施しをするときは、右の手がしていることを左の手に知られないようにしなさい」と「良い行い」を隠すようにと命じられました。イエスのことばは矛盾しているようですが、大切な点は「心の動機」です。「良い行い」によって自分が称賛を受ける、自分に栄光を帰す誘惑があるときは、「良い行い」を隠すことが賢明です。しかし、神はキリスト者がいつも、「良い行い」を隠し続けることを願っているわけではありません。「良い行い」を隠すことでキリスト者は報いを受けることができますが、父なる神が崇められることはありません。成熟したキリスト者は「良い行い」を隠すのではなく、人々の前で輝かせます。そうすることによって、父なる神が崇められるのです。もう少し踏み込んで言うなら、「あなたがたの光を人々の前で輝かせなさい」とあるように、キリスト者自身が「世の光」、「良い行い」そのものとなっていくことが、神に栄光を帰す生き方なのです。

②重荷

旧約聖書には「栄光」を意味するヘブル語がいくつかあります。その一つ、カーヴォードは「重さ」との意味です。神の栄光とは「重さ」を意味します。古代のユダヤ社会において、地位の高い者は軽装ではなく、重厚感のある装いに身を包みました。神の栄光とは、キリスト者が神に信頼して委ねる「重荷」なのです。神の存在を信じることと、神を信頼して「重荷」を委ねることは同じではありません。

信仰がなければ、神に喜ばれることはできません。神に近づく者は、神がおられることと、神がご自分を求める者には報いてくださる方であることを、信じなければならないのです。（ヘブル11・6）

神に栄光を帰すとは、神を信頼して、抱えている「重荷」を委ねることです。私たちが委ねた「重荷」が神の栄光となるのです。

すべて疲れた人、重荷を負っている人はわたしのもとに来なさい。わたしがあなたがた

を休ませてあげます。(マタイ11・28)

「すべて疲れた人、重荷を負っている人」とは、人生における苦しみや悩みに押しつぶされそうになっている人というよりも、神に重荷を委ねることをせず、自分ひとりで抱え込んでいる人のことです。

重荷からの解放

敬愛するダラス・ウィラードのことばを引用します。

神の善と偉大さを信頼し賞賛し、神の御手の守りを日常的に経験することによって「自分のことは自分で面倒を見る」という重荷から解放されるのです。(『心の刷新を求めて』一一九頁)

ダラス・ウィラードは「自己神化」、自らを神の立場に置くことを、何か暴君、独裁者のように振る舞うことではなく、「自分の面倒を見る立場」に自らを置くことであると教えています。「すべて疲れた人、重荷を負っている人」とは、まさにそのような人を指しているのです。イエスは「わたしのもとに来なさい。わたしがあなたがたを休ませてあげます」と招いています。それは、「自分の面倒を見る立場」にいる傲慢な自分を退かせて、神を招くことを意味しています。「神に栄光を帰す」とは、人生において神を神として認めるごと、すなわち自分の面倒を見てくださるお方として認めること、その立場を神に明け渡すことなのです。私たちは「心配」「思い煩《わずら》い」という重荷を最終責任者の神に委ね切ることを通して、「神に栄光を帰す」のです。

　しかし、わたしはあなたがたに言います。栄華を極めたソロモンでさえ、この花の一つほどにも装っていませんでした。今日あっても明日は炉に投げ込まれる野の草さえ、神はこのように装ってくださるのなら、あなたがたには、もっと良くしてくださらないでしょうか。信仰の薄い人たちよ。（マタイ6・29〜30）

思い煩いという重荷から解放されたキリスト者の存在こそが、神の栄光となるのです。父なる神は思い煩いという「重荷」を背負い、疲れ果てているキリスト者を深く憐れんでくださいます。しかし同時に、ご自身が信頼されていないことに深く悲しみを覚えるのです。人々から「なぜ、あなたは心配しないのか」と尋ねられることを通して、父なる神が褒め称えられますように。

「御国が来ますように」

「御国が来ますように。」（マタイ6・10）

御国とは

イエスは「御名が聖なるものとされますように」と祈った後、その願いの大局的、包括的な意味合いとして、「御国が来ますように」と祈ることを教えました。「御国が来ますように」との祈りの成就にこそ、神のみこころにかなったすべての願いの成就が含まれています。

それでは「御国が来る」とは、具体的にはどのような意味なのでしょうか。「御国」とは教会ではありません。教会は御国の一部です。御国は英語でKingdomです。神が支配される国、領域との意味です。神の支配がこの世界に来ますようにとの祈りです。なぜなら、神の国はまだ完全には来ていないからです。

ウィリアム・ウィリモンは著書『主の祈り』の中で、「キリスト者の信仰は終末論的な信仰です」と述べています。

いつでも将来に向かって身を乗り出し、つま先立ちになって前方を眺め、私たちの間で神がいったい何を生み出そうとしておられるのかを見たいとしきりに願うのです。（一一二頁）

「御国が来ますように」と祈るとき、神の国、神の支配がこの世界に来ること、すなわち、キリスト者の生活の中に訪れることを願うのです。キリスト者は神の国、神の支配を自分の生活を除外して求めるべきではありません。何よりも先に、自分の生活、人生に神の国、神の支配が来ることを願う必要があります。イエスは人々に神の国を求めることを教えました。

「まず神の国と神の義を求めなさい。そうすれば、これらのものはすべて、それに加えて与えられます。」（マタイ6・33）

「まず求めなさい」。キリスト者は自らの心の中で神が何よりも最優先されることを意図的に求めるべきです。意図しないなら、神は必ずしも最優先されないばかりか、いつも後回しにされるのではないでしょうか。

心の第一の場

キリスト者の心に神の国、神の支配が訪れるとは、神が第一の場（最優先）を占めることです。なぜ、神は心の第一の場を求めるのでしょうか。神には独占欲などありません。なぜなら、天と地にあるものすべては神のものだからです。神が心の第一の場を求めるのは、キリスト者自身の益のためです。神が占めるべき心の第一の場が空席のままということは絶対にありません。神以外のものが心の第一の場を占めるなら、その場を占めているもの、それが何であれ、神として崇めるようになります。

世界で最も巨大な宗教は、「自分教」です。心の第一の場を自分で占めている人は、神に仕えることはできません。献身的に仕えているように見えても、自分のために神を利用しているにすぎません。

「だれも二人の主人に仕えることはできません。一方を憎んで他方を愛することになるか、一方を重んじて他方を軽んじることになります。あなたがたは神と富とに仕えることはできません。」（マタイ６・24）

人が何を神として崇めているのかは、その人が何を人生で最優先しているのかを見極めれば分かります。別の言い方をすれば、誰を平気で待たせることができるのかを、自分の心に問いかけるのです。

イエスを待たせる

イエスがある人に、「わたしに従って来なさい」（ルカ9・59）と命じたとき、その人は「まず行って、父を葬ることをお許しください」（同）と願いました。すると、イエスは、「死人たちに、彼ら自身の死人たちを葬らせなさい。あなたは出て行って、神の国を言い広めなさい」（9・60）と命じました。

「私の父を葬ることをお許しください」とは、父の葬儀を執り行うことを願っているのではありません。父が亡くなるまで父に仕えさせてください、すなわち、しばらくの間は父の願いを最優先させることの許しを求めたのです。その人はイエスを待たせることは平気だったようです。「まず行って」とのことばから、その人が何を優先しているのかは明らかです。父が亡くなった後、彼は戻って来て、イエスに従ったでしょうか。おそらく「NO」です。その人の人生では、イエスに従うことはいつも後回しにされることになったと思います。決して悪気があるわけではないのです。ただ結果、そうなってしまうのです。

心を占領するもの

「御国が来ますように」と祈るとは、神の国、神の支配が心の第一の場を占めることを願う祈りです。神の国、支配が心の第一の場を占めるとき、心は「聖霊による義と平和と喜び」で満たされます。

なぜなら、神の国は食べたり飲んだりすることではなく、聖霊による義と平和と喜びだからです。（ローマ14・17）

マタイの福音書6章の後半では、イエスは何度も「心配してはいけない」と語りました。神がキリスト者の心の第一の場を占めていないなら、その場が「思い煩い」「心配」に占領されることになるでしょう。イエスが心配してはいけないと語りかけた人々は、思い煩い、心配に心が占領されていたのです。

神に帰すべき栄光の一つが「思い煩い」（重荷）であることはすでに述べました。「御国が来ますように」との祈りをもって、日々「思い煩い」「心配」を心の第一の場から退けるのです。イエスは心配する人々に向かって、「ですから、わたしはあなたがたに言います。何を食べようか何を飲もうかと、自分のいのちのことで心配したり、何を着ようかと、自分のからだのことで心配したりするのはやめなさい。いのちは食べ物以上のもの、からだは着る物以上のものではありませんか」（マタイ6・25）と教えました。

いのちの重さ

イエスが語りかけた人々は困窮の中にいました。彼らにとって「何を食べようか」とは、食べ物の選択ではなく、文字どおり「今日、何を食べればいいのか」という死活問題の悩みでした。「何を着ようか」も同じです。彼らの心配は決して「贅沢《ぜいたく》な悩み」ではありませんでした。ですから、心配することは肯定され、「思い煩うこと」が生き方となっていました。イエスはそのような人々に向かって、「いのちは食べ物以上のもの、からだは着る物以上のものではありませんか」と語ったのです。

人々はそのことばを聞いて納得したでしょうか。それどころか、「自分のいのちが大切だからこそ、心配しているのではないか」と心の中で反論したのではないでしょうか。心配するのは大切に思っているからこそであって、どうでもよかったら、そもそも心配することはありません。

なぜ、イエスは困窮の中にいた人たちに、「いのちは食べ物以上のもの」と教えたのでしょうか。「いのち」と「食べ物」を比べて、「いのち」のほうが大切だとの意味ではありません。そんなことは言う必要もありません。「いのちは食べ物以上のもの」とは、食べ物との比較によるいのちの尊さではなく、父なる神にとってのいのちの尊さのことなのです。

いのちの軽さという矛盾

心配の根底には、「いのちの軽さ」という矛盾があります。いのちのことを心配するのは大切に思っているからなのですが、心配が生じるのはいのちの重さが分かっていない、すなわちいのちの軽さという矛盾を抱えているからです。人が罪を犯した結果、喪失したものは、いのちの重さなのです。人は罪を重ねるたびに、いのちの重さを削られていくのです。それは罪の代償なのです。罪人であるすべての人は、自分のいのちがかけがえのないものだと頭で分かっていても、心において「いのちの軽さ」という矛盾を抱えているのです。「いのちの軽さ」は、神にとっての自分のいのちの尊さ、価値を理解していないことが根源的な原因です。

神が心の第一の場を占めていない代償が「いのちの軽さ」なのです。神は預言者イザヤを通して語りました。

「わたしの目には、あなたは高価で尊い。わたしはあなたを愛している。だから、わたしは人をあなたの代わりにし、国民をあなたのいのちの代わりにする。」(イザヤ43・4)

人が自分のいのちの大切さ、尊さを本当に知るのは、神の目に映る自分のいのちの高価さ、尊さに目が開かれるときです。罪は人から神の眼差《まなざ》しを奪い去りました。人は自分のいのちの尊さを、神の眼差し以外の「モノサシ」によって測ることしかできなくなりました。

＊

聖書に記されている最初の殺人は、アダムの二人の息子たちの間で起こりました。兄のカインが弟のアベルを殺害したのです。神がアベルのささげ物に目を留めたことへの嫉妬からでした。ただそれだけのことで、かけがえのないいのちが奪われたのです。

神は「いったい、あなたは何ということをしたのか。声がする。あなたの弟の血が、その大地からわたしに向かって叫んでいる」(創世4・10)と語りました。神にとって軽いいのちなど一つもありません。

「空の鳥を見なさい」

イエスは、「空の鳥を見なさい。種蒔きもせず、刈り入れもせず、倉に納めることもしません。それでも、あなたがたの天の父は養っていてくださいます。あなたがたはその鳥よりも、ずっと価値があるではありませんか」（マタイ6・26）と、今度は空の鳥と比べて言いました。イエスのことばを聞いた人々は、「本当ですね。安心しました」と納得するでしょうか。鳥と比べられて「あなたがたのほうがずっと価値がある」と言われても、安堵する人など皆無でしょう。なぜイエスはそのようなことを言ったのでしょうか。

イエスは「空の鳥」と「人のいのち」を比較して、「あなたがたはその鳥よりも、ずっと価値があるではありませんか」と言ったのではありません。「空の鳥」を養っている父なる神が人のいのちに向けている眼差しに気づくこと、神の目にとっての自分の「いのちの尊さ」に目が開かれていくことなのです。自分から目を離すのは、神の眼差しを通して、神の心配、ケアの中にいる自分の存在を見つめ直すためなのです。

あなたがたの思い煩いを、いっさい神にゆだねなさい。神があなたがたのことを心配してくださるからです。（1ペテロ5・7）

父なる神から心配されている自分を発見するとき、神から愛されている自分と出会うことができます。その瞬間、いのちの重さを実感するのです。人のいのちの重さとは神の心配の重さだからです。そして、父なる神は一人のいのちを救うために、御子イエスを十字架の死に明け渡すのです。人のいのちの重さは、神の御子イエスのいのちと等しいのです。

切に求めているもの

イエスは父なる神の配慮について教えた後、「ですから、何を食べようか、何を飲もうか、何を着ようかと言って、心配しなくてよいのです。これらのものはすべて、異邦人が切に求めているものです。あなたがたにこれらのものすべてが必要であることは、あなたがたの天の父が知っておられます」（マタイ6・31〜32）と語りました。「これらのものはすべて」、食べ物、飲み物、衣服は、異邦人だけが切に求めているものなのでしょうか。

キリスト者の心配とそうでない人の心配を比較しても、その中身はほとんど同じではないでしょうか。日常の生活の中における心配は基本的に変わりません。この「切に求めている」とのギリシア語エピゼトーには、「必死になり、努力して切り開く」「ストレスにさらされながら獲得する」との意味があります。

イエスが異邦人の祈り、同じことばをただ繰り返す祈りを真似てはいけないと教えたとき、「彼らは、ことば数が多いことで聞かれると思っているのです」（6・7）と言いました。祈りが聞かれるために同じことばを繰り返す、この祈りの原動力が「切に求める」、エピゼトーです。切に求める祈りは、自分の欲するものを手に入れるための手段となります。キリスト者の祈りの熱心さが「必死になり、努力して切り開く」ことなら、異邦人の祈りとなってしまうのです。

「まず神の国と神の義を求めなさい」、この「求めなさい」のギリシア語はゼトーです。「受け取れるもの」を求めるとの意味です。二つの違いは明らかです。例えば、自分の銀行口座から現金を引き出すのはゼトーです。エピゼトーは「金を出せ」と自分のものでないものを要求する行為を表し、銀行を襲い、強盗するニュアンスです。

祈りが聞かれるとの確信が持てず、不安を解消するような祈りに陥ってしまうなら、しばらくの間、短く祈ることをお勧めします。祈りが足りないと不安が増すかもしれません。しかし、不安を解消するために祈るのではなく、祈りが聞かれていることへの信頼を深めるために、同じことばを繰り返さずに、短く祈るのです。それで、祈りを終えるのです。

父なる神はすべての必要を備えていてくださいます。

「まず神の国と神の義を求めなさい。そうすれば、これらのものはすべて、それに加えて与えられます。」（マタイ6・33）

「みこころが天で行われるように、地でも行われますように」

「御国が来ますように。みこころが天で行われるように、地でも行われますように。」（マタイ6・10）

神のみこころ

「御国が来ますように」との祈りは、「神の御国」、神の統治、支配がまだ完全なかたちでは実現していないことを教えています。それが「完全なかたち」で行われているのは「みこころが天で行われるように」とあるように、「神の住まい」とされる天だけです。ですから、イエスは「みこころが天で行われるように、地でも行われますように」と祈るようにと教えました。

最初に、イエスが言及した「みこころ」とはどのようなものなのでしょうか。R・C・スプロールは、神のみこころを三つに区分しています。①摂理的（Sovereign decretive will）②教訓的（Preceptive will）③性質的（Will of disposition）です。神の①摂理的みこころは、必ず成就します。②教訓的みこころは、人を介して成就することへの神の願いですが、必ず成就するわけではありません。③神の性質的みこころは、神が喜ぶこと全般です。スプロールは、主の祈りにおける「みこころ」とは、②教訓的なみこころだと主張します。私もそう思います。

イエスは、自身に向かって「『主よ、主よ』という者がみな天の御国に入るのではなく、天におられるわたしの父のみこころを行う者が入るのです」（マタイ7・21傍点筆者）と言いました。

みこころを敬う

天の御国に入ることができない人々が「主よ、主よ。私たちはあなたの名によって預言し、あなたの名によって悪霊を追い出し、あなたの名によって多くの奇跡を行ったではありませんか」（7・22）と抗議しました。イエスは彼らに向かって、「わたしはおまえたちを全く知らない。不法を行う者たち、わたしから離れて行け」（7・23）と厳しいことばを向けました。「預言すること」、「悪霊を追い出すこと」、「奇跡を行うこと」は、「父のみこころ」ではないのでしょうか。イエスも預言し、悪霊を追い出し、奇跡を行ったのではないでしょうか。いったい何が違っているのでしょうか。

彼らに決定的に欠けていたのは、父なる神のみこころを敬うという、すなわち、神を敬う心

郵便はがき

恐縮ですが
切手を
おはりください

164-0001

東京都中野区中野 2-1-5

いのちのことば社

出版部行

ホームページアドレス　https://www.wlpm.or.jp/

お名前	フリガナ	性別	年齢	ご職業
		男・女		
ご住所	〒	Tel.　　（　　）		

所属（教団）教会名	牧師　伝道師　役員 神学生　ＣＳ教師　信徒　求道中 その他 該当の欄を○で囲んで下さい。

いのちのことば社＊愛読者カード

本書をお買い上げいただき、ありがとうございました。
今後の出版企画の参考にさせていただきますので、
お手数ですが、ご記入の上、ご投函をお願いいたします。

書名

お買い上げの書店名

町
市　　　　　　　　　　書店

この本を何でお知りになりましたか。

1. 広告　いのちのことば、百万人の福音、クリスチャン新聞、成長、マナ、
信徒の友、キリスト新聞、その他（　　　　　　　　　　）
2. 書店で見て　3. 小社ホームページを見て　4. SNS（　　　　　　）
5. 図書目録、パンフレットを見て　6. 人にすすめられて
7. 書評を見て（　　　　　　　　　　）　8. プレゼントされた
9. その他（　　　　　　　　　　　　　　）

この本についてのご感想。今後の小社出版物についてのご希望。

◆小社ホームページ、各種広告媒体などでご意見を匿名にて掲載させていただく場合がございます。

◆愛読者カードをお送り下さったことは（　ある　初めて　）
ご協力を感謝いたします。

出版情報誌　月刊「いのちのことば」年間購読　1,380円（送料込）

キリスト教会のホットな話題を提供！（特集）
いち早く書籍の情報をお届けします！（新刊案内・書評など）

□見本誌希望　　□購読希望

でした。

イエスは「主の祈り」の中で、「みこころを行いなさい」と命じてはいないのです。「みこころが天で行われるように、地でも行われますように」と祈ること、願うことを教えたのです。そのことによって、「父なる神」を敬う心が育まれます。「みこころ」を敬うには、何よりも父なる神の働きに目を留めることです。

「主よ、主よ。私たちはあなたの名によって預言し、あなたの名によって悪霊を追い出し、あなたの名によって多くの奇跡を行ったではありませんか」との訴えには、父なる神のみこころを敬う気持ちは微塵もありません。父なる神のみこころを敬うには、自らを退け、神が働くスペースを作ることが含まれます。父なる神の働きを妨げないこと、その働きへの招きに遜《へりくだ》って応じることです。イエスが「わたしはあなたがたを全く知らない」と言ったのは、彼らの心にこそ神を受け入れるスペースがなかったからです。

意志を明け渡す
ドイツ人の神学者ヘルムート・ティーリケはナチスドイツ反対運動に関わったことで大学教授の立場を剝奪されながら、空襲警報が鳴り響くなか「主の祈り」を講解説教しました。空襲で教会堂が破壊されても、焼け崩れた場所に立ち、メッセージしました。

われわれを根本的に不幸にしているもの、われわれが「あなたのみこころが行われますように」と叫ぶ時に、それから解き放たれていなければならないもの、――それは自分自身の意志なのではあるまいか。(大崎節郎訳『主の祈り――世界をつつむ祈り』九五頁)

イエスが生涯の最後に「みこころ」を口にしたのが、十字架の前夜、ゲツセマネの園でした。イエスはゲツセマネの園で悲しみもだえ始め、「わたしは悲しみのあまり死ぬほどです。ここにいて、わたしと一緒に目を覚ましていなさい」(マタイ26・38)と、ヤコブ、ヨハネ、ペテロにとりなしの祈りを要請しました。そして、先に進んで行きました。イエスはひれ伏し、「わが父よ、できることなら、この杯をわたしから過ぎ去らせてください」(26・39)と祈ったのです。

イエスが過ぎ去らせてくださいと願った「杯」の中身は、すべての人の罪に対する、「義なる神の御怒り」です。御子イエスにとって父なる神から「御怒り」を注がれること、その愛から断たれることは、十字架の上で処刑されることよりも絶望的な悲しみでした。父なる神から断絶されることを「父なる神のみこころ」として受け入れ、身を委ねることにイエスの全存在が拒絶反応を起こしたのです。

その後、イエスは「しかし、わたしが望むようにではなく、あなたが望まれるままに、なさってください」と祈りました。「みこころが天で行われるように、地でも行われますように」と祈るとき、その祈りの前提条件として、「わたしが望むようにではなく」という意志の明け渡しが先行します。

意志から解放されたイエス

「わたしが望むようにではなく」と祈るのは、意志の力ではありません。意志の明け渡しは、意志の力ではできないのです。ルカは、「御使いが天から現れて、イエスを力づけた」（ルカ22・43）と伝えています。御使いはイエスが「わたしの願いではなく、みこころのとおりにしてください」と祈ることを命じませんでした。その決断はイエス自身がなすべきことであり、キリスト者自身が自ら行うべきものです。しかし、イエスがそう祈ったとき、御使いがイエスに現れ、イエスを力づけたのです。この「力づける」とは「みこころがなりますように」との願いが心からの願いとなるのを助けることです。

イエスは、そう祈った後も、「苦しみもだえて、いよいよ切に祈られた。汗が血のしずくのように地に落ちた」（22・44）とあります。イエスは同じ祈りを三度しました。イエスが祈りを終え、立ち上がったとき、もはや悲しみは消え去っていました。もはや、苦しみ、もだえることもありませんでした。イエスは自分の意志から解放されたのです。イエスは心の底から、喜びをもって、「わたしが望むようにではなく、あなたが望まれるままに、なさってください」と願うようになったのです。

この魂の戦いが、「わたしの思いではなく、みこころがなるようにしてください」という言葉で終わるとき、彼は、今一度、歯をくいしばって、そうし給うのではない。或いは、誰かが、イエスは個人的な努力をして自分の意志に抗し、そして、わたしはもう屈服するよりほかに仕方がない。運命の意志は自分の意志よりずっと強いことがわかったのだから、といった気持ちで、そのようにしたのだ。と言うかも知れない。しかし、そうではないのだ。そうではなくて、ゲッセマネの園で夜通し戦い給うたあの御方は、自由にされた幸福感をもって、こう語り給うたのである。神よ。感謝します。わたしは、自分の意志をあなたのみこころに委ねることができます。（ティーリケ、前掲書、九九〜一〇〇頁）

祈るだけでいいのか

「神のみこころ」は、人が救い主イエスを信じ、救われることです。しかし、私たちは、ただ「みこころがなりますように」と願い、祈るだけでいいのでしょうか。

「主の御名を呼び求める者はみな救われる」（ローマ10・13）とあります。しかし、キリスト者が「神のみこころがなりますように」と祈るだけでは、「主の御名を呼び求めない者」が「主の御名を呼び求める者」となることはありません。救われた人に聞き取り調査するなら、ほぼすべての人が誰かの「関与」によって十字架の救いに導かれたことが分かるはずです。「信じたことのない方を、どのようにして呼び求めるのでしょうか。聞いたことのない方を、どのようにして信じるのでしょうか。宣べ伝える人がいなければ、どのようにして聞くのでしょうか」（10・14）と、「神のみこころがなされる」ためにはキリスト者の関与が求められています。「主の祈り」の中で、「神のみこころがなりますように」と祈り、願い求めるとき、その祈りと自分自身の関わりを切り離してはならないのです。

＊

ヤコブは「信仰と行い」が切り離せないこと、「信仰と行い」が共に働くことの大切さを強調しました。「みこころがなりますように」と祈りつつ、神にすべての責任を押しつけてしまうことがあります。ヤコブは、困窮している人がいるとき、その人に向かって、「安心して行きなさい。温まりなさい。満腹になるまで食べなさい」（ヤコブ2・16）と「神のみこころがなりますように」と祈っても、「からだに必要な物を与えなければ、何の役に立つでしょう」（同）と問いかけています。ヤコブは、「信仰も行いが伴わないなら、それだけでは死んだものです」（2・17）と語ります。「死んだもの」とは信仰が消滅したとの意味ではなく、その働きが停止した状態です。車のガソリンが切れてエンスト（エンジンストップ）した状態のようです。「神のみこころがなりますように」と祈り願うとき、キリスト者はその祈りに「みこころが成し遂げられるために私を用いてください」との願いを込めるのです。

神の働きに参与する

ウィリアム・ウィリモンは著書『主の祈り』の中で、次のように述べています。

「みこころをなさせたまえ」とは、自分の欲しいものを願う祈りではなく、私たちの人生をよりずっと大きな計画に、自分の人生を捉えられていくことを求める祈りです。（一三一頁）

「みこころがなりますように」とは、「神の偉大な働き」に参加したいとの意思表示です。その意味では、冒険的な祈りです。

パウロはローマ帝国内のキリスト者たちを励ましたいと切望していました。しかし、その道は固く閉ざされていました。パウロは、「神のみこころによって、今度こそついに道が開かれ、何とかしてあなたがたのところに行けるようにと願っています」（ローマ1・10）と、固く閉ざされた扉の前に立ち、扉が開かれるのを待ち構えていました。この「神のみこころ」に対するパウロの能動的な姿勢から学ぶべきことが多くあります。彼は、「神のみこころ」の中に自分の役割、果たすべき責任があると信じ、自らを惜しみなく与える心備えをしました。

開かれた扉

やがて、固く閉ざされた扉が開かれることになりました。ローマ軍によって逮捕されたパウロは、ローマ軍の駐屯基地があったカイサリアの町で二年間も不当に幽閉されました。総督フエリクスの後任のフェストゥスがパウロに、「おまえはエルサレムに上り、そこでこれらの件について、私の前で裁判を受けることを望むか」（使徒25・9）と尋ねたとき、パウロは自らの潔白を語り、「私はカエサルに上訴します」（25・11）と訴えました。パウロはユダヤ人でしたが、ローマの市民権を保有していました。ローマ帝国の拡大政策によって有能な者たちに市民権が付与されたからです。パウロはローマの市民権を得たことも神のご計画の中にあることを悟り、ローマ皇帝に上訴しました。

パウロは囚われの身として、護衛に伴われ、カイサリアから船でローマへと出航したのです。裁判の後、アグリッパはフェストゥスに、「あの人は、もしカエサルに上訴していなかったら、釈放してもらえたであろうに」（26・32）と語りました。もし、パウロがエルサレムでの裁判を希望し、カエサルに上訴しなかったなら、釈放され、自由の身となっていたはずです。しかし、パウロのことばを思い出したいのです。

祈るときにはいつも、神のみこころによって、今度こそついに道が開かれ、何とかしてあなたがたのところに行けるようにと願っています。（ローマ1・10）

「神のみこころ」は人の手を介し、犠牲、涙の祈り、献身的な奉仕を通して、成し遂げるからです。「今度こそ」、このパウロの心意気を見習いたいものです。

「私たちの日ごとの糧を、今日もお与えください」

「私たちの日ごとの糧を、今日もお与えください。」（マタイ6・11）

いのちのパン

「私たちの日ごとの糧」とは、イエス・キリストの象徴です。キリスト者は、からだの糧となるパンではなく、魂の糧となる霊的な祝福を何よりも求めるべきとの考えがあります。しかし、この考えには物資的なものへの蔑《さげす》みが見え隠れします。

イエスは少年が差し出した五つのパンと二匹の魚を祝福し、裂き、大勢の人々の空腹を満たしました。裂かれたパンはイエス・キリストの象徴です。イエスが十字架の上で裂かれたことによって、大勢の人々にいのちを与えたからです。

この奇跡の後、イエスは弟子たちに「わたしの父が、あなたがたに天からのまことのパンを与えてくださるのです」（ヨハネ6・32）と告げました。すると、弟子たちは、「主よ、そのパンをいつも私たちにお与えください」（6・34）と願いました。弟子たちが求めたのは空腹を満たすパンでした。イエスが「わたしがいのちのパンです。わたしのもとに来る者は決して飢えることがなく、わたしを信じる者はどんなときにも、決して渇くことがありません」(6・35)と答えたときの、弟子たちの当惑した顔が浮かびます。

こういうわけで、弟子たちのうちの多くの者が離れ去り、もはやイエスとともに歩もうとはしなくなった。(6・66)

確かにイエスは魂の飢え渇きを満たす「いのちのパン」です。しかし、イエスの関心は「お腹の満たし」にも向けられています。

お腹の満たし

「主の祈り」の順序はランダム、無作為ではなく、神の優先順位を反映しています。優先順位は「優劣の順位」ではありません。イエスは、赦しや誘惑、悪から守られることよりも食べ物のほうが大切だと言ったのではありません。主の祈りの順序とは、父なる神の心の優先順位です。神は「魂の満たし」だけでなく、「お腹の満たし」にも深い関心を向ける、いや、まず

「お腹の満たし」に関心を向けるのです。キリスト教は「心の宗教」ではありません。いつからキリスト教は「心の宗教」になってしまったのでしょうか。

日本のキリスト教に影響を与えた人物に内村鑑三がいます。内村鑑三は日本のキリスト教を「武士道に接木《つぎき》されたキリスト教」と表現しました。「武士道」とは侍の倫理観です。キリスト教が武士道に接木されたことによって日本型キリスト教ができ上がり、「倫理観」という精神が重んじられるようになったと説明しました。内村自身が武家の出身であり、倫理観がことさら強調されたことが、禁欲的な宗教との誤解を生み、一般庶民の間にキリスト教が広まらなかった要因の一つだと指摘されています。

聖書解釈においても誤解が生じました。

イエスが荒野で四十日四十夜の断食を終えたとき、悪魔が近づいて来て、「あなたが神の子なら、これらの石がパンになるように命じなさい」（マタイ4・3）と誘惑しました。イエスは、「空腹を覚えられた」（4・2）とありますが、「『人はパンだけで生きるのではなく、神の口から出る一つ一つのことばで生きる』と書いてある」（4・4）と悪魔の要求を退けました。

イエスが悪魔の要求を拒んだのは、パンを蔑んだからではありません。イエスは「神のことば」と「パン」に優劣をつけたのではありません。「霊的なもの」と「物質的なもの」に優劣をつけることは神の心ではありません。なぜなら、神は万物の創造主だからです。イエスが石をパンに変えることを拒んだのは、神の子であることを証明せよとの悪魔の誘惑を退けるためでした。神にとって「魂の満たし」と「お腹の満たし」は別々のものではなく同じものです。神は人を霊、魂、肉体と区別してご覧にならないのです。

放蕩息子が求めたもの

弟息子は父に、「お父さん、財産のうち私がいただく分を下さい」（ルカ15・12）と求めました。弟息子が財産を求めた動機は、父からの独立（解放）でした。遠い国へと旅立った後、彼は財産を湯水のように使い果たしました。まるで、父の存在を消し去ろうとしているかのようです。その後、その国が大飢饉《だいききん》に襲われ、彼はその日の食べ物にも事欠く極限的な貧しさのなかに陥りました。彼が知り合いに助けを求めたところ、豚の世話を強いられました。一生懸命に働いても、「だれも彼に与えてはくれなかった」（15・16）のです。彼は搾取されていたのです。彼は激しい空腹感に耐え切れず、豚の食べているいなご豆を口にしようとしたところ、「我に返った」のです。

「しかし、彼は我に返って言った。『父のところには、パンのあり余っている雇い人が、なんと大ぜいいることか。それなのに、私はここで飢え死にしようとしている。』」（15・17）

放蕩息子が「我に返ったとき」、父の子であるとの根源的なアイデンティティに立ち返ったのです。「私はここで飢え死にしようとしている」との生存への叫びは父の心に届いたに違いありません。パンのあり余っている雇い人が大勢いる父にとって、息子が飢え死にすることは耐えがたい痛みです。父は痩せ細った息子がパンを求めて帰って来たことが嬉しかったのでしょう。父は息子のもとへと全力で駆け寄りました。父なる神にとって、愛する子が必要なものに事欠いて飢え死にすること（霊的な死を含め）は、全存在が拒絶される痛みなのです。

神は、実に、そのひとり子をお与えになったほどに世を愛された。それは御子を信じる者が、一人として滅びることなく、永遠のいのちを持つためである。（ヨハネ3・16）

父なる神にとってひとりが滅びることはすべてが滅びることに等しい痛みなのです。

放蕩息子は父の愛、赦し、寛大さについては一言も言及しませんでした。彼は父とパンを関連づけて語りました。放蕩息子は「パン欲しさ」に父の家に帰ることを決意したと言えます。父の無条件の愛に気づいたわけでもなく、ただ父にパンを求めるために戻って来たのです。

私はいつも、この点がひっかかっていました。そんな陳腐な動機でいいのか、なぜイエスはそのような動機で放蕩息子の帰郷を語ったのでしょうか。放蕩息子が我に返ったとき、「父の無条件の愛」に気づいたとするほうが感動的な再会を演出できたのではないでしょうか。しかし、イエスは放蕩息子が「父の無条件の愛」に気づいたからではなく、「パン欲しさ」に父のもとへ帰郷することを決意したと語ったのです。お腹を満たす「パン」を求めることは「父」を求めることだからです。生存への欲求は、父なる神への飢え渇きとなるのです。

「私たちの糧」

イエスは、「私の糧」ではなく、「私たちの糧」を祈り求めるよう教えました。当時の時代背景では、「私たちの糧」を祈り求めることは自然なことでした。現代社会においてもそうですが、経済的に「完全なかたち」で自立している人は皆無です。当時の人々は経済的には強い相互依存の関係の中で暮らしていました。古代社会には核家族は存在せず、複数の家族、親類が共同生活を営み、相互依存の関係にありました。そもそも、「私の糧」という概念はありませんでした。また、「私」という自我の意識も希薄、あるいは皆無でした。当時の住まいには各自の部屋などはなく、家族全員が大きな部屋で肩を寄せ合って暮らしていました。

好きな職業に就き、好きな人と結婚するという自我の意識は、十六世紀のヨーロッパで芽生えたと言われています。十六世紀になって、ヨーロッパの住居に各自の部屋が設計されるようになりました。一七八九年のフランス革命以降、職業の自由という制度がようやく誕生しました。イエスが「主の祈り」を教えたとき、聴衆の中に「私」という自我の意識はまだ芽生えてはいませんでした。

「私たちの父」との呼びかけも、自我意識の欠如と無関係ではなかったかもしれませんが、それだけの理由ではないと思います。日々、隣人の日ごとの糧に心を配ることによって共同体的信仰が育まれるからです。もちろん、「自己責任」という概念は聖書的な考えです。

ですから、私たちはそれぞれ自分について、神に申し開きをすることになります。（ローマ14・12）

神に申し開きすることが、究極の説明責任です。しかし、今日の「自己責任」という概念は、個人の責任の範囲を超えています。あらゆる形態の共同体は、帰属する個人が自分の責任を負うだけでは成り立ちません。聖書が「互いの重荷を負い合いなさい。そうすれば、キリストの律法を成就することになります」（ガラテヤ6・2）と命じるように、「重なり合う部分」が共同体的責任、すなわち、共同体を強める連結部分となります。

家族や教会といった共同体の連結部分が脆弱《ぜいじゃく》なら、集まりが「烏合《うごう》の衆」となる危険性があります。「互いの重荷を負い合う」ことが共同体の絆の強さとなります。信仰の個人主義化によって、教会は弱体化、あるいは解体される危険に晒《さら》されています。「私たちの日ごとの糧」を祈り求めることで信仰の個人主義化を防ぐだけでなく、「互いの重荷」を負い合うことによって、共同体的責任、「隣人愛」が育まれていくのです。

寛大な人になる

「私たちの日ごとの糧」を祈り求めることは、「寛大な人」になることでもあります。

「与えなさい。そうすれば、あなたがたも与えられます。詰め込んだり、揺すって入れたり、盛り上げたりして、気前良く量って懐に入れてもらえます。あなたがたが量るその秤で、あなたがたも量り返してもらえるからです。」（ルカ6・38）

イエスが、「私たちの日ごとの糧」を求めることを命じたのは、気前良く量り、惜しみなく与える「寛大な人」になるためでもあります。すべてのキリスト者は、惜しみなく与える「寛大な人」になるように召されています。なぜなら、神に似る者として造られた人は、神の寛大さを体現することが期待され、求められているからです。「私たちの日ごとの糧」を祈るとき、自らの心の量りが広げられ、惜しみなく与える寛大な人になることを願っているのです。

「寛大な人」には、経済力とは関係なく誰もがなれるのです。困窮の中にいる人でさえ、「気前良く量って」、寛大な人になることができるのです。なぜなら、裕福な人であることが寛大な人の条件ではないからです。裕福なのに寛大ではない人は多くいます。反対に、貧しいのに寛大な人も少なくありません。富の多さが人を寛大にするのではなく、寛大な神への信頼が人を惜しみなく与える人にするのです。

イエスは、レプタ銅貨二枚を献金箱に投げ入れたやもめの様子を見て、弟子たちに「まことに、あなたがたに言います。この貧しいやもめは、献金箱に投げ入れている人々の中で、だれよりも多くを投げ入れました。皆はあり余る中から投げ入れたのに、この人は乏しい中から、持っているすべてを、生きる手立てのすべてを投げ入れたのですから」（マルコ12・43～44）と語りました。

「寛大」の反対語は「狭量」です。欠乏感は人の心を狭くします。量りを「私の糧」に狭めます。

エリヤを養ったやもめ

イエスのことばは、預言者エリヤを養ったやもめを思い出させてくれます。

預言者エリヤはイスラエルの王アハブと対決し、「私が仕えているイスラエルの神、主は生きておられる。私のことばによるのでなければ、ここ数年の間、露も降りず、雨も降らない」（1列王17・1）と宣言しました。エリヤの宣言どおり、イスラエルには一滴の雨も降らなくなり、深刻な飢饉《ききん》に陥りました。

アハブ王の怒りを買い、命を狙われたエリヤは、ヨルダン川の東にあるケリテ川のほとりに身を隠しました。神は烏《からす》を用いてエリヤを養いました。ケリテ川の水が干上がったとき、神のことばにエリヤは耳を疑いました。

「さあ、シドンのツァレファテに行き、そこに住め。見よ。わたしはそこの一人のやもめに命じて、あなたを養うようにしている。」（17・9）

烏の次はやもめです。エリヤにとって、烏によって養われることよりも、やもめに養われることのほうが信仰が試されたのではないでしょうか。危機的な食糧難の中で、社会的弱者であったやもめに養われることにはリアリティがあり、観念的なものへ逃げ込み、誤魔化すことができません。

信仰の本質は現実的な事柄によって試されます。その意味でも、世界の平和を祈ることよりも、「日ごとの糧」を祈ることによりリアリティがあり、信仰の本質が試されます。そして、「日ごとの糧」を祈ることによって、神が心だけでなく、空腹を満たしてくださることを信頼する「受肉した信仰」が育まれるのです。

やもめの絶望

エリヤがシドンのツァレファテの町に到着したとき、ちょうど薪《たきぎ》を拾い集めているやもめと出会いました。エリヤは、「水差しにほんの少しの水を持って来て、私に飲ませてください」

（17・10）と声をかけました。彼女がエリヤの求めに応じて、水差しに入れた水を取りに行こうとしたとき、エリヤは「一口のパンも持って来てください」（17・11）と思い切ってお願いしました。すると、予想どおりのことばが返ってきました。痩せ細ったやもめが余分なパンを持っているはずがありません。

「あなたの神、主は生きておられます。私には焼いたパンはありません。ただ、かめの中に一握りの粉と、壺の中にほんの少しの油があるだけです。ご覧のとおり、二、三本の薪《たきぎ》を集め、帰って行って、私と息子のためにそれを調理し、それを食べて死のうとしているのです。」（17・12）

彼女の絶望の深さは、「私の神は死んでしまったのです」との嘆きです。彼女にとって「一口のパン」は、命を絶つ前の息子との「最後の食事」となるはずでした。

与えることが先行する

エリヤは彼女に、「恐れてはいけません。行って、あなたが言ったようにしなさい。しかし、まず私のためにそれで小さなパン菓子を作り、私のところに持って来なさい」（17・13）と命じています。エリヤはやもめから「最後の食事」を取り上げようとしたのでしょうか。そうではありません。エリヤは彼女から「私たちの糧」を神に求める信仰を引き出そうとしたのではないでしょうか。彼女にはエリヤに分け与える余分なパンはありませんでした。エリヤの求めに応じて分け与えたら、何も残らなくなってしまいます。しかし、エリヤは、「まず私のためにそれで小さなパン菓子を作り、私のところに持って来なさい」と惜しみなく与えることを命じたのです。

信仰の原則は「与えること」が「受け取ること」に先行します。なぜなら、「与える」という行為には神自身が不足を満たしてくださるとの信仰を働かせることが不可欠だからです。極限的な貧しさの中にいた彼女にとって「与える」行為は余裕のある人の慈善行為でしかなく、自分とは無関係だと考えていたはずです。

「欠乏マインド」（全員の分は足りていない）を抱くと、与える行為はあり余っている人の慈善行為でしかなく、自分とは無縁との思いにとらわれます。「欠乏マインド」とは、人生をゼロサム・ゲーム（勝ち組か負け組しか存在しない）と考えます。誰かの敗北の上にのみ勝利があります。ですから、慈善行為は揺るがない立場を獲得した者だけに許される余興、あるいは罪滅ぼしのようなものとみなされています。

彼女は「受け取ること」において神が生きておられるのかを確かめようとしていたのでしょう。だから、彼女にとって神は死んだ神となったのです。必要以上を受け取ることで、「与える」行為が自然と生まれることもあります。「おすそわけ」がそうです。しかし、神は彼女の必要をただ一度満たすのではなく、彼女の信仰が生きて働くことを願ったのです。死んでいたのは神ではなく、彼女の信仰でした。

日ごとのマナ

なぜ「日ごとの糧」を求めるのか、それは、信仰とは過去の神の働きにではなく、今日の神の働きに対して信頼を置くことだからです。マタイは「今日もお与えください」とし、ルカは「毎日お与えください」としました。

イスラエルの先祖が奴隷の地エジプトを脱出し、荒野を旅したとき、神は朝ごとにマナを備えてくださいました。

モーセは彼らに言った。「だれも、それを朝まで残しておいてはならない。」しかし、彼らはモーセの言うことを聞かず、ある者は朝までその一部を残しておいた。すると、それに虫がわき、臭くなった。モーセは彼らに向かって怒った。（出エジプト16・19～20）

六日目に安息日の分を含む二日分を集める以外は、「日ごとの糧」しか集めてはならないと命じられました。しかし、ある者たちがモーセの命令に背いて、翌日の分のマナも一緒に集めたところ、次の日の朝、そのマナには虫がわき、悪臭を放ったのです。

なぜ、神はイスラエルの民に「日ごとの糧」を求めることを命じたのでしょうか。なぜ、マナの消費期限が一日だけなのでしょうか。なぜ、保存食としてマナを備えてくださらなかったのでしょうか。そうすれば、毎朝マナを「日ごとの糧」として集める労力を省くことができたはずです。しかし、神は「日ごとの糧」を備えることに強いこだわりを持ったのです。生きて働く信仰とは、過去の祝福に頼るのではなく、今日の祝福をもたらす神自身に心を留め続けることだからです。「日ごとの糧」を祈ることの意義は、祝福の源である神を忘れないためです。私たちは驚くほどあっさりと神を忘れてしまうのです。

むなしいことと偽りのことばを、私から遠ざけてください。

貧しさも富も私に与えず、ただ、私に定められた分の食物で、私を養ってください。
私が満腹してあなたを否み、「主とはだれだ」と言わないように。
また、私が貧しくなって盗みをし、私の神の御名を汚すことのないように。
（箴言30・8〜9）

隣人の糧を祈り求める

「彼女は行って、エリヤのことばのとおりにした」（Ｉ列王17・15）とあります。彼女は「小さなパン菓子」が「最後の食事」にはならないと信じ、惜しみなくエリヤに与えたのです。その結果、「彼女と彼、および彼女の家族も、長い間それを食べた」（同）とあります。なぜなら、イスラエルに雨が降るまでの間、「かめの粉は尽きず、壺の油はなくならなかった」からです。神はやもめとその家族のために「日ごとの糧」を備え続けてくださいました。彼女も「日ごとの糧」を通して生きて働く神と出会い続けたのです。

＊

隣人愛の実践は、日々、隣人の糧を祈ることによって育まれた心から自然と生まれてくるものです。神から受け取ったものを「私の糧」とするのではなく、「私たちの糧」とし、誰かと分かち合うことが期待されています。「私たちの糧」を祈り求めたにもかかわらず、神から受け取ったものを「私の糧」として独占すべきではありません。キリスト者は自分の分だけでなく、他の人の分も預かっていることも覚えたいのです。

「私たちの負い目をお赦しください」

「私たちの負い目をお赦しください。私たちも、私たちに負い目のある人たちを赦します。」（マタイ6・12）

罪の赦しを求める

イエスは「日ごとの糧」を祈り求めることを教えてくださった後、「私たちの負い目をお赦しください」と「罪の赦し」を祈り求めることを教えました。「日ごとの糧」も、「罪の赦し」も、「霊的」な祝福を求めることです。

「この御子にあって、私たちは、贖い、すなわち罪の赦しを得ているのです」（コロサイ1・14）とあります。救い主イエスを信じるすべての人は、「罪赦された者」です。イエスを救い主と信じたとき、それまで犯してきた過去の罪だけではなく、現在、未来におけるすべての罪は赦されたのです。イエスの十字架の死は、私たちの過去、現在、未来の罪のための「贖いの代価」なのです。

それでは、なぜイエスは「主の祈り」の中で、「私たちの負い目をお赦しください」と、「罪の赦し」を祈り求めることを教えたのでしょうか。
「私たちの負い目をお赦しください」との祈りは、神との健全な関係の構築に不可欠なものです。また、「私たちも、私たちに負い目のある人たちを赦します」と、自分の罪の赦しと他者の罪を赦すことが関連づけられています。神との健全な関係は、他者との健全な関係と切り離せないのです。

「ですから、祭壇の上にささげ物を献げようとしているときに、兄弟が自分を恨んでいることを思い出したなら、ささげ物はそこに、祭壇の前に置き、行って、まずあなたの兄弟と仲直りをしなさい。それから戻って、そのささげ物を献げなさい。」（マタイ5・23〜24）

なぜなら、神と人との健全な関係の土台は「赦しの愛」だからです。赦しの愛を土台としない関係はいずれ破綻します。

負債の免除

「負い目」とは「負債」を意味しています。ウィリアム・ウィリモンは著書『主の祈り』の中で、この「負債」は借金を意味していると記しています。

この「負債」という言葉の第一義的な意味は、明らかに経済的な意味を含んでおり、誰かが私たちからお金を借りているというようなときに用いられる言葉です。ですからここでは、比喩的な意味よりも先に、この「負債」という言葉にある字義通りの意味、経済的な意味を明らかにするのがよいでしょう。（一五六頁）

古代のイスラエルでは、七年ごとに「免除の年」（レビ25章）という制度がありました。イエスの時代、その制度は廃止されていましたが、人々はその制度の存在を知っていました。モーセに率いられ、約束の地に向かうイスラエルの民に、神は約束の地において七年ごとの「負債の免除」を命じたのです。

「あなたは七年の終わりごとに、負債の免除をしなければならない。」（申命15・1）

約束の地に移り住んで七年目に、最初の「免除の年」が訪れました。それ以降、七年ごとに「免除の年」が繰り返し訪れたのです。「免除の年」には、負債の額に関係なく、全額が免除されたのです。七年ごとに、負債のある人は負債の免除という赦しを経験しました。この負債の免除こそ、救い主イエスの「十字架」の贖い、救いを示唆していたのです。安息日、イエスが故郷のナザレの会堂で、手渡された預言者イザヤの書（イザヤ61・1〜2）を朗読した後、「免除の年」の到来を告げました（ルカ4・21）。

「主の霊がわたしの上にある。
貧しい人に良い知らせを伝えるため、主はわたしに油を注ぎ、わたしを遣わされた。
捕らわれ人には解放を、目の見えない人には目の開かれることを告げ、
虐げられている人を自由の身とし、主の恵みの年を告げるために。」（ルカ4・18〜19）

「免除の年」は七年ごとに訪れたので、「第七年、免除の年が近づいた」（申命15・9）と言って、貸し渋る人が出てきても決して不思議ではありません。「免除の年」の前日に貸すなら、返済してもらえる可能性は皆無でしょう。いや、借りる人も借りる人で、そもそも返済する気

など毛頭ないのかもしれません。「免除の年」の前日、兄弟や親族、友人、知人が訪ねて来ると、居留守を使った人がいたかもしれません。ですから、「あなたは心によこしまな考えを抱き、『第七年、免除の年が近づいた』と言って、貧しい同胞に物惜しみして、何も与えないことのないように気をつけなさい。その人があなたのことで主に叫ぶなら、あなたは罪責を負うことになる」(同)と警告が与えられていたのです。

負債を免除する神

なぜ、神は貸し手にとって非常に不利益、不都合な戒めを与えたのでしょうか。なぜ、負債の返済を命じず、免除を強調するのでしょうか。「借りたものは返す」ことが社会的な規範であり、健全な社会に必要な倫理観ではないでしょうか。

一つ目の理由は、古代のイスラエルには貧しい人に対する国の「救済措置」がなかったからです。返済したくてもできない経済事情があったからです。もう一つの目的は、イスラエルの民が、具体的な赦しのかたちである、「負債の免除」の実践を通して、「赦しの神」、「負債を免除する神」を経験的に知るためでした。神が信仰の父となるアブラハムにひとり子イサクをささげることを命じたのも、御子イエスをささげる父なる神の心を経験的に知らせるためでした。

赦しは観念的なものではありません。また、神は「必ず彼に与えなさい。また、与えるとき物惜しみをしてはならない。このことのゆえに、あなたの神、主は、あなたのすべての働きと手のわざを祝福してくださるからである」（申命15・10）と約束しました。別の言い方をすれば、免除した負債は神が「祝福」というかたちで必ず報いてくださると約束したのです。

罪を責める

イエスは「罪の赦し」を、王がしもべの負債を免除するたとえの中で教えました。「清算が始まると」（マタイ18・24）、王は帳簿を調べ、負債額を把握した上で、一万タラントの負債のある家来に負債の全額返済を要求しました。

「赦し」の概念で重要なことは「負債の返済を求めること」、すなわち「罪を責めること」です。「罪を責めること」と「裁くこと」は同じではありません。この二つは混同されがちです。「罪を責めること」は赦しの前提です。なぜなら、罪に定められることなしに、罪の赦しを受け取ることはできないからです。自分は無実だと思い込んでいる人に赦しを伝えても意味はありません。自分は何も悪くないと思っている人に、「あなたを赦します」と宣言すると、「あなたにそんなことを言われる筋合いはない」と反感を買うことになるでしょう。

赦しを受け取るとは相手から赦しを乞うべき、ことばでは言い表せないほどの酷いことをしたと認めることです。互いにプライドを捨てなければなりません。このことはイエスのことばの真意を説明しています。イエスは他者を赦すことが赦される条件だと言われたのではありません。第一に、条件つきの赦しとは本当の赦しではなく、警告でしかありません。第二に、赦せない心こそが神から赦していただく必要のある最たるものです。イエスが言われたことは明白です。赦しを与える妨げとなるプライドは赦しを受け取ることも妨げているのです。そのことのゆえに神の助けが必要です。あなたが赦すとき、恨みと傷ついたプライドの悲惨な腐食を免れます。赦しとは自由です。(Frederick Buechner, *Beyond Words*, pp.118-119)

罪の赦し

裁くことの目的は、罪を認めさせ、赦すためではなく、償いを求めることです。償いに満足しないかぎり、裁きは終わりません。王は心の中で家来の負債を帳消しにすることはできません。もし王の心の中で負債を帳消しにすることで赦しが成立するなら、神の御子イエスが人の姿を取って地上に来ることも、十字架に釘付けされることも、死ぬ必要もありませんでした。

血を流すことがなければ、罪の赦しはありません。（ヘブル9・22）

「血を流す」、犠牲が伴わない「罪の赦し」というものはありません。全能なる神でさえ罪を帳消しにすることはできないのです。いや、義なる神だからこそ、「罪を帳消し」にすることはできないのです。

神は、罪を知らない方を私たちのために罪とされました。それは、私たちがこの方にあって神の義となるためです。（Ⅱコリント5・21）

王は、「自分自身も妻子も、持っている物もすべて売って返済するように命じた」（マタイ18・25）のです。当時、負債の返済に窮した者は社会的な義務として、債権者の奴隷として働くことが求められました。すると、家来は「もう少し待ってください。そうすればすべてお返しします」（18・26）と懇願したのです。家来が一万タラント（推定六千億円）の負債を全額返済できると本気で考えていたのか、返済の先延ばしを願っただけなのかは定かではありません。しかし、家来の態度には誠実さの欠片《かけら》も感じられません。それでも、主君は「かわいそうに思って彼を赦し、負債を免除してやった」(18・27)のです。

「赦し」とは負債の全額免除です。負債の全額免除は「負債を帳消し」にしたのではなく、債務者である王自らが負債を引き受けたのです。六千億円の負債を被ることは、王自身を破産の危機に陥れるほどの額だったのではないでしょうか。父なる神は、すべての人の罪の負債を免除するために、愛するひとり子イエスを失ったのです。

赦さない心が抱える矛盾

一万タラントの負債を免除された家来は、百デナリ、百万円を貸している仲間と出会いました。

「彼はその人を捕まえて首を絞め、『借金を返せ』と言った。」(18・28)

彼の行為は乱暴ですが、負債の返済を要求すること自体は正当な行為です。この点を理解することは非常に大切です。一万タラントの負債を赦されたのだから、仲間の負債、わずか百デナリぐらい帳消しにすべきではないかとの考えは、赦しの本質を理解していません。誰かを赦すとは、先ほどのフレデリック・ブフナーのことばを引用しますが、「あなたはことばでは言い表すことのできないことをした」と相手にはっきりと言うことが不可欠です。

しかし、家来が仲間のしもべの首を絞め、「借金を返せ」と要求したことから、赦しを与える意図がなかったことは明らかです。家来は、仲間から「もう少し待ってください。そうすればお返しします」（18・29）と返済期間の猶予を求められたのですが、「引いて行って、負債を返すまで牢に放り込んだ」（18・30）のです。

なぜ、彼は負債の返済を約束する仲間の願いを聞き入れなかったのでしょうか。仲間の願いどおり、少し猶予を与えれば、百デナリの負債は返済してもらえたのではないでしょうか。なぜ、返済する機会を奪い取り、牢に監禁したのでしょうか。返済を求めながら、牢に監禁し、返済する機会を奪うのは矛盾しているのではないでしょうか。

この矛盾こそ、「赦さない心」が抱えている矛盾です。赦せない相手に償いを求めながら、相手から償いの機会を奪い取り、無力感という魂の牢獄に閉じ込めるのです。

歪んだ優越感

なぜ「赦さない心」は償いの機会を奪うのでしょうか。理由はいろいろと考えられますが、一つの理由として、仲間が百デナリの負債を返済し、対等な関係になることを嫌うからではないでしょうか。「赦せない心」は「歪んだ優越感」に浸っていたいのです。

フレデリックが「互いにプライドを捨てなければなりません」と言うように、赦しには「遜《へりくだ》ること」が求められます。それは、この「歪んだ優越感」と決別するためでもあります。「どうして、私が遜らなければならないのか」と反発する人もいることでしょう。赦しに先立つ「遜り」は道徳的な要求ではありません。「赦さない心」が浸ってきた「歪んだ優越感」と決別しないかぎり、赦しの喜びで心が満たされることはありません。

無条件の赦し

もう一つ、「赦し」について考えておくべきことがあります。赦しの本質は「全額免除」ですが、返済可能な分は受けつけていいのでしょうか。一万タラントの負債の全額返済は無理だとしても、少しずつでも返済すべきではないでしょうか。しかし、赦しは負債額の返済能力によって左右されるのではありません。極端な話にはなりますが、一兆円の負債でも、一円の負債でも同じです。赦しとは「負債全額の免除」なのです。

王は仲間を牢に監禁した家来を呼びつけ、「悪い家来だ。おまえが私に懇願したから、私はお前の負債をすべて免除してやったのだ」（18・31）と厳しく叱責しました。この主人のことばは、「かわいそうに思って、彼を赦し、借金を免除してやった」との赦しの動機と矛盾しているようです。もし、主人の憐みが「あんなに頼んだ」、必死の懇願への応答なら、赦しは無条件とは言い切れなくなります。しもべの必死さが王の赦しを引き出したのでしょうか。それでは、赦しが条件つきとなります。

このたとえは、救いにおける神の赦しの本質を教えるために語られたものです。救いに至る「罪の赦し」をいただくことに、人の必死さ、一生懸命さ、誠実さが一〇〇パーセントとは言わないにせよ、幾分でも影響を与えているなら、赦しは無条件ではなく、条件つきとなります。

恵みの贈り物

王は家来に、「私がおまえをあわれんでやったように、おまえも自分の仲間をあわれんでやるべきではなかったのか」（18・33）と、赦しを「恵みの贈り物」として無条件で仲間のしもべに与えなかったことを責めたのです。一万タラントの負債が免除されたとき、彼の負債だけが免除されたのでしょうか。そうではありません。神が赦してくださる罪には、自らが犯した罪だけでなく、自らに対して行われた罪も含まれています。その意味でも、仲間から百デナリを取り立てることは不正な取り立てになるのです。彼も主人と同じように、仲間のしもべと清算し、負債を免除すべきだったのです。

王は一万タラントの負債を全額免除してもらった家来が仲間を牢獄に監禁したことに怒り、その家来を「負債をすべて返すまで彼を獄吏たちに引き渡した」（18・34）のです。イエスは、「それぞれ自分の兄弟を心から赦さないなら、わたしの天の父もあなたがたに、このようになさるのです」（18・35）と語りました。主の祈りでも、「私たちの負い目をお赦しください。私たちも、私たちに負い目のある人たちを赦します」と、他者の負い目を赦すことが自らの負い目を赦していただく前提条件のようです。

しかし、王が一万タラントの負債を全額免除したのは、家来が誰かの負債を免除したからでしょうか。そうではありません。家来は誰の負債も免除していませんでした。王はただ、返済できない家来を「かわいそう」に思い、憐み、一方的に赦したのです。赦しは獲得するものではなく、「恵みの賜物」として無条件で与えられるものなのです。

イエスのことばの真意

それでは、イエスのことばの真意とは何でしょうか。他者を赦さないなら、与えられた赦しを取り上げられるとの誤解を招くかもしれません。もし、一度与えられた赦しが取り上げられることがあるなら、赦しは無条件の賜物ではなくなります。しかし、赦しは無条件の賜物なのです。

しかし、私たちがまだ罪人であったとき、キリストが私たちのために死なれたことによって、神は私たちに対するご自身の愛を明らかにしておられます。（ローマ５・８）

神の赦しは、人の必死さ、一生懸命さ、誠実さに依存していないのです。一万タラントの負債を免除された家来は、「赦し」を恵みの賜物として受け取ってはいなかったのです。家来は赦しを努力によって獲得した「成果」だと考えていました。自分の罪の重さに心砕かれることがなかったのです。彼は物理的には自由の身となりましたが、彼の心は赦しの愛に生かされていませんでした。

「罪が赦されること」と「赦しの愛に生きること」は同じではありません。赦しの愛に生きるためには赦しを受け取るだけでなく、赦しを与えることが必要となります。赦しを受け取った分ではなく、赦しを与えた分だけ赦しの愛に生きることができるのです。彼は借金を返済するまで仲間を牢獄に監禁したのですが、牢獄に監禁されたのは彼自身だったのではないでしょうか。赦せない心は、自分の罪と他者の罪という監獄に監禁され、内側から鍵を閉めるようなものです。

貸し借りのない関係

イエスが主の祈りで「私たちの負い目をお赦しください。私たちも、私たちに負い目のある人たちを赦します」と教えたのは、健全な関係は「貸し借りのない関係」が土台となるからです。

だれに対しても、何の借りもあってはいけません。ただし、互いに愛し合うことは別です。他の人を愛する者は、律法の要求を満たしているのです。(ローマ13・8)

互いに愛し合う関係は、「貸し借りがない関係」です。互いに「貸し」も「借り」もない、「罪の負債」がない関係です。神との間にも「貸し借り」のない対等な関係が大切なのです。

＊

聖書は「敵を愛すること」を命じています。敵とは「罪の負債」の塊のような存在です。神は罪の負債の塊である敵さえも愛します。神の愛は敵さえも愛する、深く大きな愛なのですが、神の愛は敵を友に変えることを願うのです。敵を友に変える愛は、「負債」を免除する赦しの愛だけです。偉大な愛は敵を敵のままで愛します。しかし、赦しの愛だけが敵を友に変えていくのです。

「私たちを試みにあわせないで、悪からお救いください」

「私たちを試みにあわせないで、悪からお救いください。」（マタイ6・13）

試みと試練の違い

この祈りを理解するためには、「試み」と「試練」の違いを明確にしなければなりません。この「試み」と訳されるギリシア語ペイラスモスは、英語では誘惑を意味するtemptationと訳されています。「私たちを誘惑からお守りください」のほうがしっくりします。

しかし、「誘惑からお守りください」との祈りに違和感を覚える人もいるのではないでしょうか。もし、日ごとの祈りにおいて、「誘惑からお守りください」との切実な祈りが生まれるなら、何か根源的な問題の解決を優先する必要がありそうです。

人が誘惑にあうのは、それぞれ自分の欲に引かれ、誘われるからです。（ヤコブ1・14）

聖書は、人が誘惑されるのは「自分の欲に引かれ、誘われる」ことによると教えています。「火のない所に煙が立たない」ように、「欲望」がないところに「誘惑」はありません。私はタバコを吸いたいとは思ったことが一度もありません。タバコの自動販売機の前を通っても、タバコを吸っている人を見ても、誘惑されません。絶対とは言い切れませんが、おそらく死ぬまでタバコを吸うことはないと思います。欲望が誘惑を引き寄せるのではなく、人を誘惑のもとへと連れていくのです。

ですから、自分の心の欲望と向き合い、何よりも欲望そのものから自由になることをまず祈り求めなければならないのです。欲望を捨てずに、誘惑のもとへと連れて行かれていながら、「誘惑からお守りください」と祈ることは、誘惑されたときに「なぜ、祈ったのに誘惑から守ってくださらなかったのですか」と神を責める口実となります。

最初の誘惑

それでは、イエスが陥らないように祈ることを教えた「誘惑」とは何でしょうか。

自分の欲望と関係する誘惑は、救い出されるのではなく、退ける必要があります。キリスト者は自らの欲望に根差した誘惑には能動的に対処すべきです。願いが欲望へと肥大化し、心を支配する前に、決別する必要があります。願いが欲望となっているなら、欲望から解放されることを祈り求めるべきです。

イエスが「私たちを試みにあわせないで」と祈るように教えた「誘惑」とは、神によって「救い出される」必要があるものです。なぜなら、誘惑の先には「悪」が待ち構えているからです。欲望に根差した誘惑に陥ると「罪」を犯すことになりますが、ここでは「悪（ギリシア語ポネルー）からお救いください」と祈るように教えられています。悪とは「神への反逆」の常態化と言えます。

＊

聖書に記載されている最初の誘惑は、蛇がエバを欺いた出来事です。蛇のことばに誘惑の本質が示唆されています。エデンの園で蛇がエバに声をかけました。蛇は比喩的な存在として描かれているのか、本当に話しかけたのかは分かりません。それよりも大事なことはエデンの園で誘惑された事実です。エデンの園の外にふらふらと迷い出て誘惑されるなら理解できるのですが……。N・T・ライトは自著『悪と神の正義』の中でこう記しています。

私たちは誰でも、この話が私たちに語ろうとしないことを知りたいと思う。つまり、そもそもなぜ神の美しい被造世界の中に蛇がいて、それがなぜ自分の狡猾さをあのようなやり方で用いたいと思ったのだろうか。（六六頁）

アダムとエバがエデンの園、彼らの管理下に置かれた場所で誘惑に陥ったことが重要なポイントです。彼らは欲望に引き寄せられ、おびき寄せられて誘惑されたのではありません。蛇のほうから近づいてきて、彼らを誘惑し、神に反逆させたのです。彼らには反逆する理由が何一つありませんでした。この事実のゆえ、イエスは、「私たちを試みにあわせないで、悪からお救いください」と祈るように教えたのです。

悪の存在

イエスは、キリスト者が「悪の存在」に対して無知でいることを望みません。「悪の存在」に怯える必要はまったくありませんが、無知でいることは賢明ではありません。

身を慎み、目を覚ましていなさい。あなたがたの敵である悪魔が、吼えたける獅子のように、だれかを食い尽くそうと探し回っています。（Ⅰペテロ5・8）

聖書は、惑わす者、「悪魔の存在」を教えます。悪魔が「食い尽くそうと探し回って」いるものとは「神への信頼」です。なぜなら、神への信頼が食い尽くされた心に悪がはびこるのは時間の問題だからです。

＊

N・T・ライトが『悪と神の正義』の中で、アメリカの著名な精神科医スコット・ペックが悪の存在に目が開かれていったことについて記しています。スコット・ペックは、著書『愛すること、生きること』が世界中でベストセラーとなり、精神科医として確固たる地位を築きました。そのペックが精神医療の世界ではタブー視されている「悪」について本を書いたことは、築き上げた地位が崩れ去ってしまうリスクがありました。精神医療の世界で「悪」について語ることは嘲笑の対象になります。アカデミアの世界では「悪」の存在はUFOやネス湖のネッシーの存在と同程度にしかみなされません。しかし、クリスチャンになった彼は、*People of the Lie: The Hope For Healing Human Evil*（邦題『平気でうそをつく人たち　虚偽と邪悪の心理学』）を執筆しました。

ペックによれば、精神療法が立ち向かうべきは、人間は悪に乗っ取られてしまい、嘘を信じて、それに従って生きるようになり、それが嘘であることを忘れてそれを自分の生き方の基礎にしてしまうことがあり得るという事実である。（四七頁）

「人間は悪に乗っ取られてしまい」、これは悪霊にとりつかれたとの意味ではなく、悪と一体化している、ペックのことばを借りるなら「平気でうそをつく」ということなのでしょう。「平気でうそをつく人」の人生は、嘘、偽りと一体化していて、自力では切り離せなくなっています。そして、罪の意識も、良心の呵責に対して無自覚、無感覚になってしまった状態です。ペックは、そのような人を「悪に乗っ取られた」と診断するのです。

蛇の狡猾さ

蛇は狡猾です。その狡猾さは、アダムとエバをまったく意図しなかった神への反逆に至らせた巧妙さにあります。蛇はエバに向かって、「園の木のどれからも食べてはならないと、神は本当に言われたのですか」（創世3・1）と問いかけました。「本当に言われたのですか」との問いかけは、真理を探求している求道者のような印象をエバに与えました。誘惑への警戒心がゆるみました。スイッチがＯＦＦになり、警告音は鳴らなかったのです。

しかし、驚くには及びません。サタンでさえ光の御使いに変装します。（Ⅱコリント11・14）

神はアダムとエバに、「あなたは園のどの木からでも思いのまま食べてよい」（創世2・16）と告げていたのです。なぜ、蛇はわざわざ反対のこと、「園の木のどれからも食べてはならないと、神は本当に言われたのですか」と尋ねたのでしょうか。蛇の誘惑は、神が「禁欲の神」「束縛の神」であると、真実の姿とは正反対のイメージを植えつけることでした。

楽しむことの肯定

アダムとエバをエデンの園に置いた神が、「園の木のどれからも食べてはならない」と命じるはずがありません。親が子をレストランに連れて行き、水だけしか飲んではいけないと言うはずがありません。イエスは、「あなたがたのうちのだれが、自分の子がパンを求めているのに石を与えるでしょうか。魚を求めているのに、蛇を与えるでしょうか。このように、あなたがたは悪い者であっても、自分の子どもたちには良いものを与えることを知っているのです。それならなおのこと、天におられるあなたがたの父は、ご自分に求める者たちに、良いものを与えてくださらないことがあるでしょうか」(マタイ7・9〜11)と教えました。

「園のどの木からでも思いのまま食べてよい」とは、人生を楽しむことの肯定です。神は、アダムとエバが園の木からいろいろな実を食べて、楽しむことを願ったのです。

エバは「私たちは園の木の実を食べてもよいのです。しかし、園の中央にある木の実については、『あなたがたは、それを食べてはならない。それに触れてもいけない。あなたがたが死ぬといけないからだ』と神は仰せられました」(創世3・2〜3)と答えました。しかし、蛇は「禁欲の神」「束縛の神」というイメージをエバの思いに植えつけることに成功したのです。そして、神のことばは「禁欲の神」「束縛の神」のイメージによって上書きされていきました。

偽りの自由

もし、キリスト者が神に対して「禁欲の神」「束縛の神」というイメージを抱いているなら、すでに「惑わされ、誘い出されている」ことに気づかなければなりません。神が禁じていないことを自らに強いるなら、必ず反動として「反逆」が生じるからです。束縛する神に反逆することは、自由を獲得することになるからです。アダムとエバは「自由」を獲得するために、束縛も支配もしていない神に反逆したのです。「反逆」は「自由」を獲得する唯一の手段となったのです。しかし、彼らが獲得しようとした自由は、偽りの自由、本当の束縛でしかありませんでした。彼らは自由を手に入れようとして、罪の奴隷となったのです。

＊

元アズベリー神学校教授のデイビット・シーモンズは、自著『恵みを知らないクリスチャン』の中で次のように記しています。

彼らには、「善悪の知識の木から取って食べてはならない」という神の愛の制限が見えなくなりました。「善悪の知識の木から取って食べてはならない」という神のことばは、父なる神の恵みに満ちた配慮でした。すなわちアダムとエバが他のどの木も十分に楽しむことができるためになされた配慮でした。（『恵みを知らないクリスチャン』九〇～九一頁）

神の制限は、十分に楽しむことを可能にする愛の配慮なのです。

神の誘惑

もう一つの誘惑を取り上げたいと思います。それは、「神の誘惑」です。「神の誘惑」と聞くと、「えっ？　神様も誘惑するのですか」と驚かれるかもしれません。神は誘惑する方ではありません。神に誘惑されたと言って、自分の罪や過ちの責任を神に転嫁するという誘惑のことです。神を一方的に責める誘惑です。

だれでも誘惑されているとき、神に誘惑されていると言ってはいけません。神は悪に誘惑されることのない方であり、ご自分でだれかを誘惑することもありません。人が誘惑にあうのは、それぞれ自分の欲に引かれ、誘われるからです。（ヤコブ1・13〜14）

キリスト者のボキャブラリーの中に、「神に誘惑された」というフレーズは存在しません。「神に誘惑された」と神を責める思いの代表的なものをいくつか取り上げます。神がアダムに「あなたは、食べてはならない、とわたしが命じた木から食べたのか」（創世3・11）と詰問したとき、彼は「私のそばにいるようにとあなたが与えてくださったこの女が、あの木から取って私にくれたので、私は食べたのです」（3・12）と、自分の罪は認めたものの、神と妻に責任を転嫁しました。「罪を認めること」と、その「責任を引き受けること」は切り離せないのです。「神に誘惑された」という誘惑に陥るとは、自らを義とするために神を罪に定めることです。

カルメル山での対決

①「神が何もしてくださらなかったからだ」

自分の罪や過ちの責任を神に転嫁する典型例の一つは、「神が何もしてくださらなかったからだ」との責めの思いです。

預言者エリヤが死を願った理由の一つが、「神が何もしてくださらなかった」との誤った思い、誘惑に陥ったことにあります。それが絶望の原因でした。しかし、エリヤが人生のピークと心躍らせたときも、絶望に陥ったときも、神は変わらず精力的に働いていたのです。

エリヤは、イスラエルのアハブ王とイゼベル妃のバアル崇拝を公然と非難しました。エリヤはカルメル山でバアルの預言者四百五十人、アシュラの預言者四百人、総勢八百五十人と命をかけて対決しました。バアルとアシュラの預言者たちとエリヤの前にそれぞれ祭壇が築かれ、祭壇の上に一頭の雄牛が置かれました。天から火をもって応えてくださった神、その方こそイスラエルが崇拝すべき神としたのです。勝敗は最初から決まっていました。

すると、主の火が降り、全焼のささげ物と薪と石と土を焼き尽くし、溝の水もなめ尽くした。（1列王18・38）

イスラエルの民は、エリヤの築いた祭壇の上に天から火が下ったのを目の当たりにして、「民はみな、これを見てひれ伏し、『主こそ神です。主こそ神です』」（1列王18・39）と告白したのです。バアル崇拝に盲従していた民がこぞってひれ伏し、「主こそ神です。主こそ神です」と告白する光景に、エリヤの信仰は励まされたに違いありません。神が働いていてくださるとの確信が頂点、ピークに達した瞬間ではないでしょうか。

イゼベルの処刑宣告と神への不信

妻のイゼベルはアハブから事の一部始終を聞いたとき、エリヤを必ず処刑すると宣言し、もし処刑することができなかったなら、「神々がこの私を幾重にも罰せられるように」（19・2）と言い切ったのです。

イスラエルで実権を握っていたのはアハブ王ではなく、妻のイゼベルだったのでしょう。

アハブのように、自らを裏切って主の目に悪であることを行った者は、だれもいなかった。彼の妻イゼベルが彼をそそのかしたのである。（21・25）

イゼベルが発したエリヤの処刑宣告によって、「主こそ神です」と告白したイスラエルの民の心はあっさりと翻ったのです。

エリヤが使いの者から処刑の宣告を聞かされたとき、「彼はそれを知って立ち、自分のいのちを救うため立ち去った」（19・3）とあります。預言者が「自分のいのちを救うため」、職場を放棄したのです。

預言者が自分のいのちを自分で救わなければならないと考えるのは、「神は何もしてくださらない」との思いに陥っていたからです。なぜエリヤは、天から火をもって応えてくださり、三年六か月も一滴も雨が降らなかったイスラエルの上に大雨を降らしてくださった神に対して、「あなたは何もしてくださらない」との思いを抱くようになったのでしょうか。いったい何がエリヤの心の中で神の偉大な働きを帳消しにしたのでしょうか。いや、帳消しにしただけでなく、自分のいのちを救わなければならないと、神に不信感を抱くようになったのでしょうか。

エリヤの絶望

エリヤは自分の命を救うためにユダのベエル・シェバ、イスラエルの最南端の町へと逃げて行きました。

エリヤは若いしもべを残し、一人で荒野へと入って行きました。そして、一日の道のりを歩き終えたとき、「エニシダの木の陰に座り、自分の死を願って言った。『主よ、もう十分です。私のいのちを取ってください。私は父祖たちにまさっていませんから』（19・4）と自らの死を願ったのです。

この時点で、イゼベルが発令した二十四時間のタイムリミットはとっくに過ぎていました。ですから、「主よ、もう十分です」とは、「もうこれ以上、逃げ切れません」と言っているのではありません。ある意味で、エリヤは逃げ切ったと言えます。

エリヤが「主よ。もう十分です」と言ったのは、「もう何をしても、イスラエルの民がバアル崇拝を悔い改め、天地創造の神、アブラハム、イサク、ヤコブの神を礼拝することはない」との絶望の思いからでした。エリヤは、天地創造の神は天から火を下すこともできるし、大雨を降り注ぐことはできても、アハブ王、イゼベル妃、そしてイスラエルの民の心を変えることはできないと神に絶望したのです。

しかし、エリヤが神にどれだけ絶望しても、神が全知全能の神であることには変わりがありません。キリスト者が神にどれだけ絶望しても、神には希望が溢れているのです。

神に期待するとは

②「労苦が報われなかった」との思いに陥った

エリヤにとって、カルメル山での戦いで「勝敗」はついていました。祈りが聞かれたのです。しかし、イゼベルが「敗北」を受け入れなかったのです。エリヤはイゼベルが「敗北」を素直に受け入れなかったことにショックを受けたのです。ある意味で、エリヤはナイーブだったのかもしれません。王や権力者たちが約束を反故《ほご》にするのは日常茶飯事のことでした。

エリヤはすべての労苦が水泡に帰したと失望しました。三年六か月、命が危険に晒されながら、対決の時を忍耐深く待ち続けた日々も、カルメル山での圧倒的な勝利も、まったく無意味に思えたのでしょう。エリヤの心の中で神の偉大な働き、彼自身の労苦が帳消し、無意味になったと思えたのは、彼の期待に反した結果となったからです。

キリスト者は神に大いに期待すべきです。しかし、神に期待するとは、自分の期待を神に押しつけることではありません。神に期待するとは、神の最善を期待し、すべての労苦が神の最善がなされることにおいて必ず報われると信頼することです。

ですから、私の愛する兄弟たち。堅く立って、動かされることなく、いつも主のわざに励みなさい。あなたがたは、自分たちの労苦が主にあって無駄でないことを知っているのですから。（Ⅰコリント15・58）

過剰な期待

③「過剰な期待」をされているとの思いに陥った

エリヤは、「主よ、もう十分です。私のいのちを取ってください。私は父祖たちにまさっていませんから」（Ⅰ列王19・4）と語りました。「私は先祖たちにまさっていませんから」とのエリヤのことばには、どこか自分を特別視していたことがうかがわれます。エリヤが「父祖たちにまさっていませんから」と、そのことを死を願う理由にしていること自体がズレています。

神はエリヤに「過剰な期待」を押しつけてはいません。「主よ、もう十分です」との訴えは、イスラエルの民の回心の責任を一人で背負っているとの「高ぶり」から生まれたのです。エリヤの願いは退けられました。その後、神は「エリヤよ、ここで何をしているのか」（19・9）

と語りかけました。エリヤは、「私は万軍の神、主に熱心に仕えました。しかし、イスラエルの子らはあなたとの契約を捨て、あなたの祭壇を壊し、あなたの預言者たちを剣で殺しました。ただ私だけが残りましたが、彼らは私のいのちを取ろうと狙っています」(19・10)と答えました。

「ただ私だけが残りました」、この思い込みが「高ぶり」の生みの親です。「過剰な期待」を押しつけられたと感じるのは、過剰な自己評価に原因があります。神は「わたしはイスラエルの中に七千人を残している。これらの者はみな、バアルに膝をかがめず、バアルに口づけしなかった者たちである」(19・18)と言いました。エリヤは自分ひとりしかいないと考えていたのですが、七千人もいたのです。エリヤはその事実に励まされ、そして遜《へりくだ》らされたのではないでしょうか。

「責任感」と「高ぶり」をどのように区別することができるでしょうか。私たちは自分の存在は「かけがえのない」「代わりのない大切な存在」であることをしっかりと受け止めつつ、神の働きを担う者としてはいくらでも代わりがいることを認めなければなりません。神の働きを担う者としても、自分の存在をかけがえのない存在とみなすことは「高ぶり」なのです。ですから、エリヤにとって、自分と同じように「バアルに膝をかがめず、バアルに口づけしなかった者たち」が七千人もいることは励ましであり、また、遜らされることでもあったのではないでしょうか。

その後、「エリヤはそこを去って、シャファテの子エリシャを見つけた」(19・19)とあります。エリヤが遜ったとき、神が告げられたバアルに口づけしなかった者の一人、そして後継者となるエリシャと出会ったのです。もし、エリヤが自分を代替可能だと遜らなければ、エリシャとの出会いはなかったはずです。

「国と力と栄えは、とこしえにあなたのものだからです。アーメン」

〈国と力と栄えは、とこしえにあなたのものだからです。アーメン。〉（マタイ6・13欄外注）

人の堕落の原因

主の祈りの後、「国と力と栄えは、とこしえにあなたのものだからです」との頌栄が続きます。なぜなら、キリスト者は「国と力と栄え」が神のものであることを頭では理解していても、必ずしも心から受け入れているとは限らないからです。キリスト者が「神の栄光」を不当に所有しないための告白です。

人の堕落の原因は神の栄光を貪ったからです。蛇がエデンの園でエバを誘惑したとき、彼女は「園の中央にある木の実については、『あなたがたは、それを食べてはならない。それに触れてもいけない。あなたがたが死ぬといけないからだ』と神は仰せられました」（創世3・3）と答えました。すると、蛇は「あなたがたは決して死にません」（3・4）と断言しました。

しかし、神は「善悪の知識の木からは、食べてはならない。その木から食べるとき、あなたは必ず死ぬ」（2・17）とはっきりと言っていました。

神と人とを分かつもの

「あなたは必ず死ぬ」、この死の可能性こそ、神と人とを決定的に分かつものです。神と人との究極の境界線です。しかし、蛇がエバを誘惑した時点では、まだ「罪」を犯してはいなかったので、「死」が世界に入っていませんでした。

こういうわけで、ちょうど一人の人によって罪が世界に入り、罪によって死が入り、こうして、すべての人が罪を犯したので、死がすべての人に広がったのと同様に――（ローマ5・12）

アダムとエバにとって、「あなたは必ず死ぬ」との神のことばは、人としての「分」をわきまえるべき究極の境界線でした。しかし、蛇はエバに向かって、「あなたがたは決して死にません」と断言したのです。蛇のことばは、ただ「死なない」という意味だけでなく、神と人とを決定的に分かつ「不死性」という境界線を否定したのです。「あなたがたは決して死にません」とは、「あなたがたは神になれる」と言っているのに等しいのです。

蛇の狡猾さは、「決して死にません」、その瞬間が訪れるまで証明できないことによってエバを誘惑したことです。エバは、「いや、私たちはそれを食べれば必ず死ぬのです」と蛇のことばを退けませんでした。「不死性」を否まなかったのです。「もしかしたら、蛇の言うとおりに死なないかもしれない」と考えたのでしょう。

エバの思いの中で神との境界線が消滅したのです。これが、誘惑の第二段階です。蛇はエバの思いの中に禁欲、束縛の神というイメージを植えつけ、神との境界線を消し去りました。

神への不信感

誘惑は第三段階へと進んでいきます。蛇はエバに、「それを食べるそのとき、目が開かれて、あなたがたが神のようになって善悪を知る者となることを、神は知っているのです」（3・5）と、善悪の知識の木の実を食べるなら神のように賢くなれると断言しました。エバの思いの中では神との境界線が消滅していたので、「神のようになれる」との蛇のことばには信憑性がありました。神との境界線がはっきりしていたなら、「神のようになれる」とのことばはく

133「国と力と栄えは、とこしえにあなたのものだからです。アーメン」

だらないジョークでしかありません。

しかし、たとえ「神のようになれる」可能性があったとしても、神の命令に背いて反逆するにはあと一押しが必要でした。蛇はエバに「神のようになれる」と告げただけでなく、「あなたがたが神のようになって善悪を知る者となることを、神は知っているのです」と、人が神となれる可能性を神が隠していると告げたのです。エバの思いに植えられた「束縛し、支配する神」のイメージと、蛇のことばは強く共鳴したのでしょう。

誘惑の第三段階は、「神への不信感」に陥らせることでした。エバには神に直接的につまずいた経験はありませんでした。なぜなら、人は神自身につまずくことなどないからです。人が神自身につまずくことは不可能です。人は神に関する推測、憶測、思い込み、誤解につまずくのです。

キリスト者が神に失望することもまったく同じです。神自身に人を失望させる要因はありません。人は神について抱いている期待や願いが叶《かな》わなかったとき、神に失望したと考えるのです。神につまずいた、失望したと思えるとき、「私たちは神ご自身につまずいたのだろうか、失望したのだろうか」と自問することが大切です。神への不信感という誘惑に陥らないためです。

罪の本質

アダムとエバは、園の中央にあった「善悪の知識の木」をいつも目にしていました。アダムもエバもその木から実を取って食べたいとの誘惑や衝動を覚えたことは一度もありませんでした。しかし、エバが神に不信感を抱いたとき、彼女の目にその木はいつもとは違って見えたのです。「そこで、女が見ると、その木は食べるのに良さそうで、目に慕わしく、またその木は賢くしてくれそうで好ましかった」（3・6）とあります。今までとは違って見えたことを示唆しています。「その木は好ましかった」、エバの心はその木を慕い求めるようになったのです。誘惑の最終段階は、「好ましかった」、神以外のものへの崇拝です。

＊

罪の本質は、神の戒め（律法）を破る以上のことです。D・A・カールソンは、「罪の本質とは偶像崇拝」だと教えています。エバは神自身よりも、善悪の知識の木を好ましく思い、慕い求め、崇拝したのです。「善悪の知識の木」が偶像となったのです。

あなたには、わたし以外に、ほかの神があってはならない。（出エジプト20・3）

善悪の知識の木はエバの目に、「食べるのに良さそうで、目に慕わしく、またその木は賢くしてくれそうで好ましかった」とあります。この、「良さそう」「慕わしく」「賢くしてくれそう」という輝きは、神自身に属するものでした。「神のようになろう」とすることは、神自身を慕い求めず、「良い人」「愛される人」「賢い人」になろうとすることなのです。すなわち、神に栄光を帰すのではなく、自分自身が栄光になろうとすることなのです。

荒野の誘惑

荒野の誘惑は、エデンの園での誘惑と本質的に同じです。エデンの園では蛇はエバに「善悪の知識の木」の実を慕い求めさせることに成功しました。「良い人」「愛される人」「賢い人」になるのを慕い求めること自体には何の問題もないのですが、そのような人になるための源泉としての神を拒むことこそが神への反逆なのです。

悪魔はイエスを高い山に連れて行き、「この世のすべての王国とその栄華」（マタイ４・８）を見せました。悪魔は、エバを欺いたように、神の御子イエスに「神のようになる」とは言いませんでしたが、「この世のすべての王国とその栄華」を差し出すと語りました。なぜなら、この世のすべての国々とその栄華は、神に帰されたわけではなく、不当に所有されていたから

 「国と力と栄えは、とこしえにあなたのものだからです。アーメン」

です。今に至るまで、神の栄光は不当に所有されています。

悪魔はイエスに、「もしひれ伏して私を拝むなら、これをすべてあなたにあげよう」（4・9）と約束しました。悪魔に「この世のすべての王国とその栄華」をイエスに差し出すことができるのかは疑問です。別の言い方をすれば、悪魔が「この世のすべての王国とその栄華」を不当に所有していたのかは疑問が残ります。

しかし、悪魔はイエスに見え透いた嘘が通用しないことは承知していました。イエスは悪魔を「偽りの父」（ヨハネ8・44）と呼びました。しかし、悪魔がイエスに言った「もしひれ伏して私を拝むなら、これをすべてあなたにあげよう」とのことばのすべてが偽りではないと思います。なぜなら、神に帰されない栄光はいずれ、人の手を離れ、悪魔のものとなっていくからです。

奪われた栄光の代替品

アダムとエバが神のようになろうとし、善悪の知識の木から実を取って食べたところ、神のようになれるどころか、「自分たちが裸であることを知った」（創世3・7）とあります。神に似る者として造られた「栄光の輝き」を失い、人は自らの存在を恥じ入るようになりました。

まるで「良いサマリア人のたとえ」の中で強盗に襲われた人のようです。

強盗たちはその人の着ている物をはぎ取り、殴りつけ、半殺しにしたまま立ち去った。

（ルカ10・30）

アダムとエバは、奪われた栄光の輝きを「いちじくの葉」、代替品によって自らを装うようになったのです。

イエスは悪魔の申し出に対して、「下がれ、サタン。『あなたの神である主を礼拝しなさい。主にだけ仕えよ』と書いてある」（マタイ4・10）と語りました。すなわち、すべての栄光を神に帰すことを教えたのです。神の御子イエスでさえ、自身に栄光を帰すことをせず、父なる神に栄光を帰したのです。

神に栄光を帰すとは

神に栄光を帰すとは、すべての良きもの、「良く」「慕わしく」「賢くする」という輝きは神のものであること、神がすべての「良いもの」「慕わしいもの」「賢くするもの」の源であると認めることなのです。すなわち、神に最善、慕わしさ、賢さを慕い求めることなのです。

エバは善悪の知識の木を見て、「その木は……好ましかった」（創世3・6）と心を魅了され、奪われました。この「好ましかった」というヘブル語ネフマードには、貪欲との意味もあります。十戒の最後では、「あなたの隣人の家を欲してはならない。あなたの隣人の妻、男奴隷、女奴隷、牛、ろば、すべてあなたの隣人のものを欲してはならない」（出エジプト20・17）と貪欲を戒めています。「好ましかった」と「欲する」は同じことばが用いられています。

罪の本質が偶像崇拝だとするなら、神に栄光を帰す、礼拝するとは、神を慕い求めることなのです。古代のギリシア教父たちは、「神を欲望する」という強烈なことばを用いました。なぜなら、エバは神が「食べたら必ず死ぬ」と言ったにもかかわらず、善悪の木の実を欲望し、手を伸ばし、食べたのです。命さえ惜しまず、その実を慕い求めた崇拝の心こそ、神のものなのです。もし、エバがその崇拝の心を神のものとして返すなら、神は栄光を受けるのです。

神がアブラハムに約束の子イサクを「全焼のいけにえ」としてささげることを命じた理由も、ひとり子イサクが偶像となりつつあったからではないでしょうか。アブラハムは、神のものとすべき深い愛をイサクに惜しみなく与えたのでしょう。神が求めたのはイサクではなく、アブラハムの心だったのです。

139「国と力と栄えは、とこしえにあなたのものだからです。アーメン」

「国と力と栄えは、とこしえにあなたのものだからです。」神にすべての栄光を帰すことを通して、共同相続人としてのキリスト者は神の栄光にあずからせていただけるのです。

あとがき

二〇二〇年は人々に長く記憶される一年になるだろう。二〇二〇年四月七日、七都府県に対して発出された非常事態宣言は、瞬く間に全国に拡大された。美しい四季の移り変わりのなか、日常生活が喪失していく感覚は、真綿で首を絞められているような息苦しさであった。その息苦しさは、不慣れなマスク着用のせいではなく、心が深呼吸できないからだろう。心に充満した思いの丈を親しい人にも吐き出せない。

飛沫が感染原因だとされ、人との接触を八割減らすことが要請され、ソーシャル・ディスタンスという掛け声によって人と距離を保つことが強いられた。いつの間にか透明なシールドという感染防止用の壁が乱立する日常になっていた。人が集まる場所が危険視され、全国の学校も休校となり、デパート、映画館、コンサートホール、図書館……と閉館していった。教会堂に集まることを自粛する流れも加速し、多くの教会が礼拝をオンライン配信に切り替え、教会堂の扉までもが閉められた。思いの丈を吐露できる場所の喪失も、ますます息苦しくさせていく。

今こそ、神様の御前で心に充満した思いの丈を注ぎ出すときではないか。活動が自粛されているときこそ、祈りを深めるときだと思い、日曜日の礼拝で「主の祈り」を説教し始めた。すると妻が「このシリーズは本にするほうがいい」と言ってくれた。そのとき、素直に「そうしよう」と思えた。決して内容が良いからではなく、コロナ禍での私自身の心の深呼吸を残したいと強く思ったからだ。

あとがきを書いている今、三回目の非常事態宣言が発出され、日本全体が閉塞感で覆われている。最初の宣言から一年が経っても、感染が終息する見通しは全く立たない。しかし、主を避け所として歩めることの幸いを噛《か》みしめている。本書が心の深呼吸の助けとなることを願っている。

味わい　見つめよ。主がいつくしみ深い方であることを。
幸いなことよ　主に身を避ける人は。（詩篇34・8）

二〇二一年四月二十五日　自宅にて

イエスの心で祈る「主の祈り」

2021 年 7 月 25 日発行
2022 年12月 25 日再刷

著　者　豊田信行

印刷・製本　日本ハイコム株式会社

発　行　いのちのことば社

164-0001 東京都中野区中野 2-1-5
TEL 03-5341-6920
FAX 03-5341-6921
e-mail：support@wlpm.or.jp
ホームページ http://www.wlpm.or.jp/

新刊情報はこちら

乱丁落丁はお取り替えします

Printed in Japan
ISBN978-4-264-04283-9